NF文庫
ノンフィクション

総括せよ！
さらば革命的世代

産経新聞取材班

潮書房光人新社

彼らを総括する――文庫版まえがきに代えて

半世紀前の大学キャンパス。そこには、「革命」を訴える世代がいた。

当時それは特別な人間でも特別な考え方でもなかった。にもかかわらず、彼らは、あの時代を積極的に語ろうとはしない。語られるのは中途半端な武勇伝だけであり、「そういう時代だった」「みんなそうだった」と簡単に片付ける人もいる。

そして、私たちの「隣人」としてごく普通の生活を送っている。彼らの思想はいつから変わったのか。また変わらなかったのか。あるいは、その存在はわが国にどのような功罪を与えたのか。そもそも当時、この国のキャンパスで何が起きたのか？

本書は、およそ10年前、全共闘運動40年のタイミングで産経新聞大阪本社が連載した記事をもとに加筆修正した書籍を、改めて文庫化したものである。

取材当時、全共闘世代は60歳前後。ちょうど彼らが会社を定年退職するなどして、社会の一線から退こうとしているタイミングだった。最初の書籍化から10年が経過したが、連載の骨格はそのままに、文庫化にあわせて再取材と修正も行っている。

本書は、多くの学生を巻き込んだ熱気が、潮を引くように沈静化した理由について、学生運動をしていた当人たちだけでなく、傍観していた学生や事態の鎮圧にあたった警察関係者、大学教員らも尋ね歩き、多角的な視点で検証しようと試みたものだ。

全共闘運動について記された作品はいくつか出版されているが、当事者目線の回顧録か、反対側の警備に携わった人といった、特定の視点から描かれたものが多い。本書は俯瞰的な視点で全共闘運動を描いた数少ない文献でもある。

近年、高年齢層の投票行動が、選挙結果に大きな影響を及ぼす現象として、シルバーデモクラシーという言葉が使われることがある。全共闘に関わった人たちの多くは70歳前後となり、すでに社会の一線から退いている人たちが大半ではあるが、第一次ベビーブーム世代とあって、その数は圧倒的だ。投票行動においては、今なお日本社会に厳然たる影響力を持ち続けているとも言える。

　本書は、そうした彼らの心情形成に大きく影響した出来事を振り返ったものでもあり、あるいはシルバーデモクラシーの実相をひもとく一助になるかもしれない。

　本書のもととなる新聞連載は２００８年５月から09年６月にかけて行われた。取材当時は、同年９月に発足した民主党政権の誕生前夜だった。

　学生時代に自民党政権に激しく抵抗した全共闘世代に、政権交代について尋ねたことも何度かあったが、「政権交代しても権力は権力で変わらない」という冷ややかな声とともに、「昔、おれたちが願っていたような時代がくるかもしれない」と答える人もいた。少なくとも、政権交代前夜の熱気のようなものは感じられた。しかし、民主党政権は多くの国民の期待を裏切ってあっさりと倒れ、現在は自民党の一強多弱と呼ばれる政治状況が続いている。

「国家権力への反対運動」はなくなったわけではない。ここ数年だけみても、例えば、特定秘密保護法をめぐって反対運動を行った「ＳＥＡＬＤｓ（シールズ）」と呼ばれる学生グループが注目を集めたことや、学校法人「森友学園」への国有地売却や、学校法人「加計学園」の獣医学部新設をめぐる問題での倒閣運動もあった。「アベ政治を許さない」などというメッセージとともに、政権に退陣を迫る〝闘争〟は今も行われている。

文庫化にあわせ、以前取材した元闘士たちの何人かに連絡をとったが、やはりというべきか、長期政権となった安倍晋三政権を憂い、野党のふがいなさを嘆く人が少なくなかった。本書でも指摘しているように、当時の大学進学率は15%前後。団塊の世代イコール全共闘世代とは言えないし、全共闘世代のその後の人生もひとくくりにはできない。ただ、彼らの世代には今も、根底に心情左派的な意識が広がっているのではないかと感じることがある。

それは、若いころに好んで聞いた音楽をいくつになっても聴き続けるような感覚なのかもしれないが、そのようなノスタルジーで終わらせてしまっていいのだろうか。

2017年秋、千葉県佐倉市の国立歴史民俗博物館で「1968年」というタイトルの特別展が開かれた。ベトナム反戦運動や三里塚闘争・水俣病闘争といった市民運動や住民運動、全国的な大学闘争などに注目した特別展で、当時20歳前後の若者たちが大学や国家のあり方を問い、ベトナム反戦運動や大学闘争に青春を捧げたことを振り返る内容だった。

大学や国家に立ち向かった彼らの運動が、国立の博物館で取り上げられたことは興味深い。彼らの活動が名実ともに歴史になったことを意味するものでもあるからだ。

全共闘運動の象徴ともいえる1969年1月の「東大安田講堂事件」から間もなく

50年を迎える。本書に登場した人たちの中には、すでに鬼籍に入った人が何人かいる。考えてみれば、今や先の戦争体験者の多くが亡くなり、戦場体験者となれば、ゆうに90歳を超えてしまう時代になった。つい、20～30年前までは、それほどの苦労もなく探すことができた歴史の当事者たち、証言者たちが、次々と私たちの前から姿を消しつつある。

「全共闘世代」と呼ばれた人々は今70代。彼らが社会から完全に引退してしまう前に、〝総括〟する。

２０１８年秋

産経新聞取材班

本書は2008年5月から09年6月まで、産経新聞大阪朝刊、インターネットの産経ニュースに掲載された記事を大幅に加筆したものである。過去を振り返る上で最も重要な登場人物の年齢、肩書は取材当時のままとした。文庫化にあたり追加取材した部分については、その旨がわかるようにした。

装幀　伏見さつき
DTP　佐藤敦子
写真　産経新聞社
カバー写真　渡辺眸

総括せよ！　さらば革命的世代——目次

第1章　隣の全共闘

第2章　バリケードの外から

第3章　全共闘を解剖する

第4章　キャンパスの過去と現在を結ぶ点と線

全共闘

各地の大学で1968年ごろに生まれた学生組織で、全学共闘会議の略。全国の主要大学の大半にあたる約160校で結成された。新左翼政治党派（セクト）だけでなく、ノンセクト・ラジカルと呼ばれた党派に属さない学生たちも参加し、バリケードストライキなどで学内課題やベトナム反戦などの政治課題について訴えた。69年1月の東大安田講堂攻防戦は全共闘運動の象徴的事件になった。

第1章 隣の全共闘

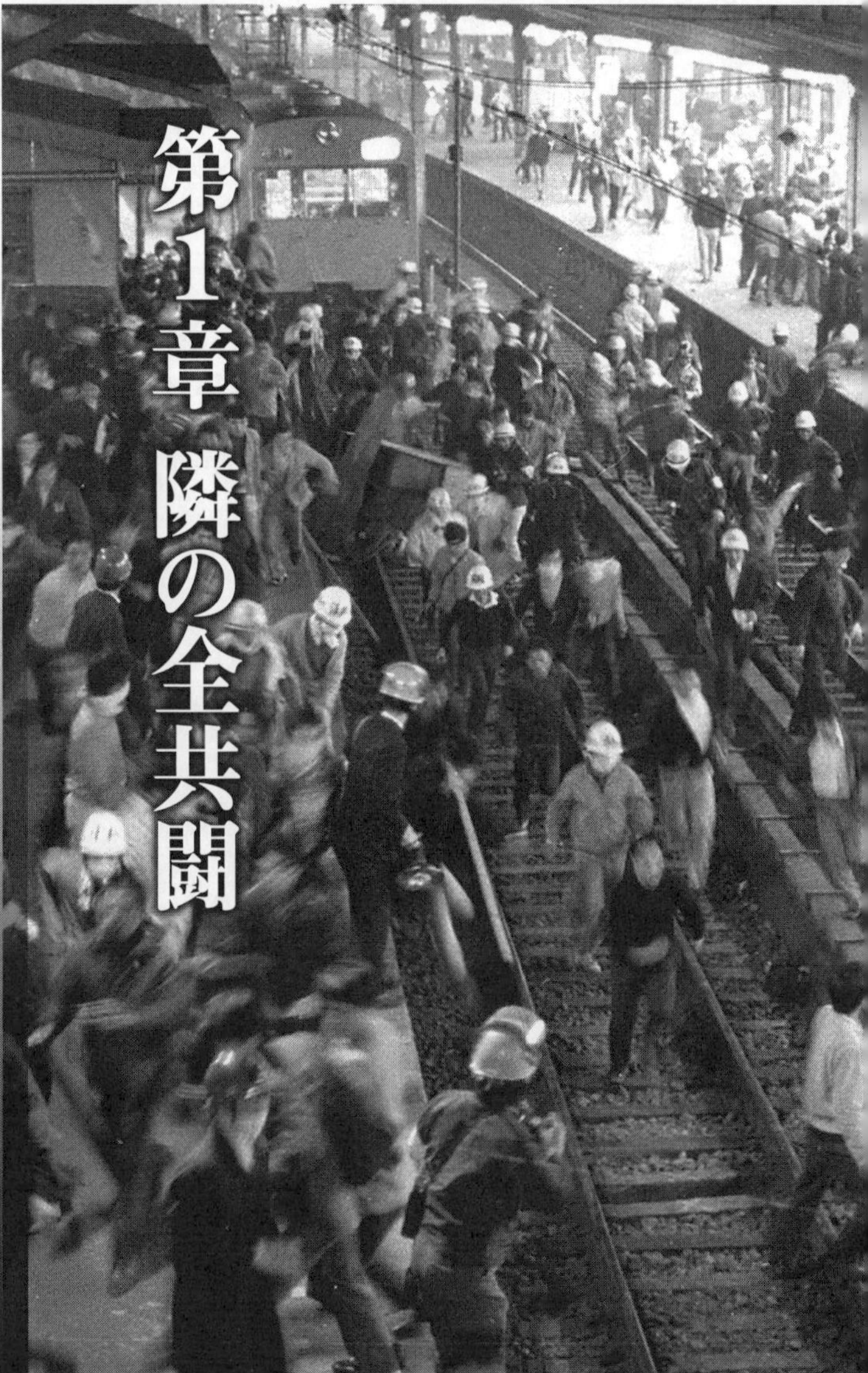

闘士たちの同窓会

２０１８年6月、東京・お茶の水のＹＭＣＡアジア青少年センターで、日本大学の元全共闘学生たちによる「日大全共闘結成50周年の集い」が開かれた。言わば、全共闘の同窓会である。参加した約１００人の平均年齢は70歳を超えていた。

その１カ月ほど前から、日大のイメージを大きく低下させる「事件」がメディアを賑わせていた。日大と関西学院大のアメリカンフットボール定期戦で、日大選手による悪質な反則行為が発覚、一連の行為は監督やコーチの指示で行われたとされ、問題発生後も監督らの指示がなかったように、もみ消しを図ろうとした不当介入もあったという。

「あれから50年。今も日大の体質は何も変わっていない」

同窓会は、「アメフト問題」を受けて開かれた訳ではないが、参加者らは口々にそう話した。彼らによると、1967年4月、学生会が開催しようとした「羽仁五郎講演会」をめぐって、体育会学生たちが騒ぎ出し、講演会が中止に追い込まれる騒動があった。そのとき、暴力をふるった側の学生の一人が当時、相撲部員だった田中英寿・日大理事長だという。

翌68年、日大で20億円にものぼる巨額の使途不明金問題が発覚。反発した学生たちの動きは日大全共闘の結成へとつながり、最終的には、当時の大学側トップだった古田重二良会頭ら理事全員を退陣に追い込んだ。

半世紀後、再び集結した元闘士たち。同窓会では、50年前と同様、現在の田中理事長らの辞任を求める声明をまとめた。

「わたしたちの闘いは、一度は勝利したとはいえ、『古田体制』を残してしまいました。それが50年後の現在まで、日大の暗黒支配をそのまま維持させた原因と考えています。今、わたしたちが田中理事長以下全理事の退陣を求める理由です」

◇

「全共闘の同窓会」とはどのようなものなのだろうか。以下、2008年の取材である。

男性は村岡正さん（60）＝仮名。2年前に小さな出版系会社を早期退職し、警備会社でアルバイトをしている。妻と、独立した子供が2人いるという。頭髪はかなり後退しややしわのついたクリーム色のジャケットに茶色のスラックス。どこにでもいる、あるいは、もう一度どこかで出会っても思い出せないかもしれないような薄い印象。そんな村岡さんはかつて、ある有名私大の全共闘メンバーだった。

当時はセクト（党派）にも属し、闘士として自分なりに「革命」を目指していたという。就職とともに運動から離れ、今は政治とは縁のない生活を送っているが、先ごろ、全共闘時代の仲間たちによる同窓会に参加したという。

「中小企業の社長や大企業の管理職クラスも何人かいた。孫のいる女性もいた。たいした話はしていません。『バリケードは本当に寒かった』とか『マル機（機動隊）にやられて死ぬかと思った』とかね……」

会場はシティーホテルのパーティールーム。会費は1万円。立食のバイキング形式で、会場には大書した「全共闘ＯＢ会」の看板が掲げられた。

「インターナショナル」大合唱

学生運動が最も高揚したとされる68年から40年余り。当時20歳だった学生たちは、還暦を過ぎ始めている。彼らは、ひところ大量退職などで話題になった「団塊の世代」ではあるが、イコールではない。当時の大学進学率はわずか15％。「革命」を叫んだ若者たちは紛れもなくわが国のエリート層でもあった。

早稲田大時代の自身の全共闘体験をもとに描いた小説『僕って何』で芥川賞を受賞した作家、三田誠広さん(59)は「僕らの世代は確かに理屈っぽくてプライドが高い人が多い。下から見ればうっとうしい世代だったのではないか」とした上で、こう指摘する。

「そうした世代が会社を離れると、精神的空白からニートのような存在になる。それでメタボになり病気になり、家族から見放される人もいるかもしれない。そんなふうになるなら20歳のころに気持ちを戻して『老人全共闘』でもやったらいいと思う。今の年金や格差の問題にしても何も思わないのかという気がする」

同窓会に参加した村岡さんも、今何か行動を起こしているわけではない。年金や自衛隊の海外派遣など「気になるテーマは多い」としながらも、声を上げることはない。一方で、さきの同窓会は「本当に楽しかった」という。

「定年を迎えてね。ゆっくりと思い出話ができる相手は貴重なんです。青春時代の革命の話なんて、当時の仲間にしか分かってもらえんでしょうから」

同窓会の終盤では、会場に「佐藤訪米を阻止するぞ！」というシュプレヒコールがこだまし、大いに盛り上がったという。

「佐藤」とは学生当時の首相、佐藤栄作元総理のことだ。最後はソ連国歌でもあった社会主義歌「インターナショナル」の大合唱でお開きとなった。おみやげには、当時の自分たちの「闘争」を記録したＤＶＤが配られたという。

鎮魂の集い

華やかなパーティーだけでなく鎮魂の集いもある。

日大全共闘の墓参の会。メンバーは年に1度、千葉県八千代市の霊園に眠る中村克己さんの墓前に集まる。

日大全共闘は、全国の全共闘の中でも、大規模な学内民主化運動として、東大と並んで象徴的な存在だった。中村さんは70年、駅前でビラまきをしている最中、対立する学生グループの襲撃を受けて命を落としたという。22歳だった。

墓参は毎年2月17日、派手なセレモニーも余興もなく、静かに行われている。

メンバーのほとんどは闘争の終焉とともに政治活動から離れた。墓参に集まる人も自営業者、定年を迎えた会社員、公務員と、その後の人生はさまざまだ。ただ、先の同窓会メンバーと明らかに違うのは、彼らが当時の闘争を「思い出話」としていないところである。

「自分たちはノスタルジーで集まっているわけじゃない。誰が何と言おうとあのころ私たちは命がけで闘ったんだよ。毎年墓参にくるのは、40年近くたっても彼の死が心の中でトゲのように刺さっているからだ」

墓碑に刻まれた「全共闘戦士」の文字を見つめるメンバーらはそうつぶやき、重い口を開き始めた。

中村は殺された

寒風の吹きつける霊園にいたのは彼らだけだった。

「日大全共闘戦士」と刻まれた故・中村克己さんの墓前で手を合わせた約20人の元闘士たちは、霊園内の休憩施設で40年近く前のあの日を振り返った。

中村さんは70年2月25日、都内の京王線武蔵野台駅で襲撃を受けて22歳で死亡した。「討論集会に結集せよ」と書かれたビラを配る予定だった。

千葉県にある中村克己さんの墓碑。「日大全共闘戦士」と刻まれている

当時、日大では大学当局の意を受けた体育会学生と全共闘側の衝突が珍しくなかった。この日も中村さんを含む数人が付近の様子を見る「レポ（偵察）」に出たところ、突然20人ほどの体育会学生たちが鉄パイプを手に襲いかかってきたという。

散り散りに逃げたが、中村さんだけが踏切前に追い込まれた。遮断機は下り、そこに特急電車が通過。警報音がこだまするなか、中村さんは追いかけてきた集団と遮断機の間に挟まれ、もみあいになった。仲間が気づいたとき、中村さんは頭から血を流して倒れていたという。

警察は「中村さんが自分で電車にぶつかった自損事故」と判断したが、メンバーたちは今も「鉄パイプで殴られたか、電車にはじき飛ばされて殺された」と思っている。

当時、体育会学生らに対する警察の調べは参考人聴取にとどまったが、近くにいた全共闘学生ら約30人は中村さんの死とは別件の凶器準備集合罪などで一網打尽に逮捕された。彼らは、警察と大学当局、体育会学生が「つるんでいる」と感じたという。

彼らが当時、自らの存在をかけた〝闘い〟をしていたことは確かだろう。

だが、そうした思いの強さを感じる分、なぜその後、急速に運動から離れていったのかという疑問も残る。

72年の連合赤軍事件や内ゲバを理由にあげた人もいたが、改めて聞くと「運動自体が無くなってしまったから」「生活のため」などと答えた。中には「どうしてなんでしょうねえ……」ともらすだけの人もいた。いまだ答えを探しているのだろうか。

メンバーの一人で、首都圏の公立図書館で働いている男性公務員（58）は「当時の話や、その後の自分の生き方を話しても100パーセント理解されることはない」とし、職場でも元闘士だということは伏せている。学生運動に参加していたことが周囲に知れ、職場に居づらくなって、辞めざるをえなくなった人もいたという。男性は「職をかけてまで周りに話をしようとは思わなかった」という。

59歳のとき、印刷関係の大手企業を早期退職した男性（62）も就職時に大学中退の学歴を隠し、あえて高卒と偽った。企業側に学生運動をしていたと知れると採用されないと思ったからだという。息子2人は32歳と28歳。ともに社会人になっているが、学生時代について語ったことはない。

「長男には理解してもらえるかもという思いがあるが、次男は現代っ子。話せば対立してしまう」

日大闘争は、ビラ配りを禁止したり、入構時に学生証検問をするなどした大学に対する「民主化運動」だったという。20億円を超える巨額の使途不明金など、不正経理に対する抗議運動という側面もあったとされる。

メンバーだった都内の会社社長（59）は「インテリの集まる東大闘争が『大学解体』を掲げる賢い連中の反乱だったとすれば、日大は百姓一揆。革命とか左翼とかではなく、間違ったことに『おかしい』と言っただけだ」とも振り返る。

闘争ごっこ

好きな政治家はいますか？

彼らにそんな質問をぶつけると意外な答えが返ってきた。

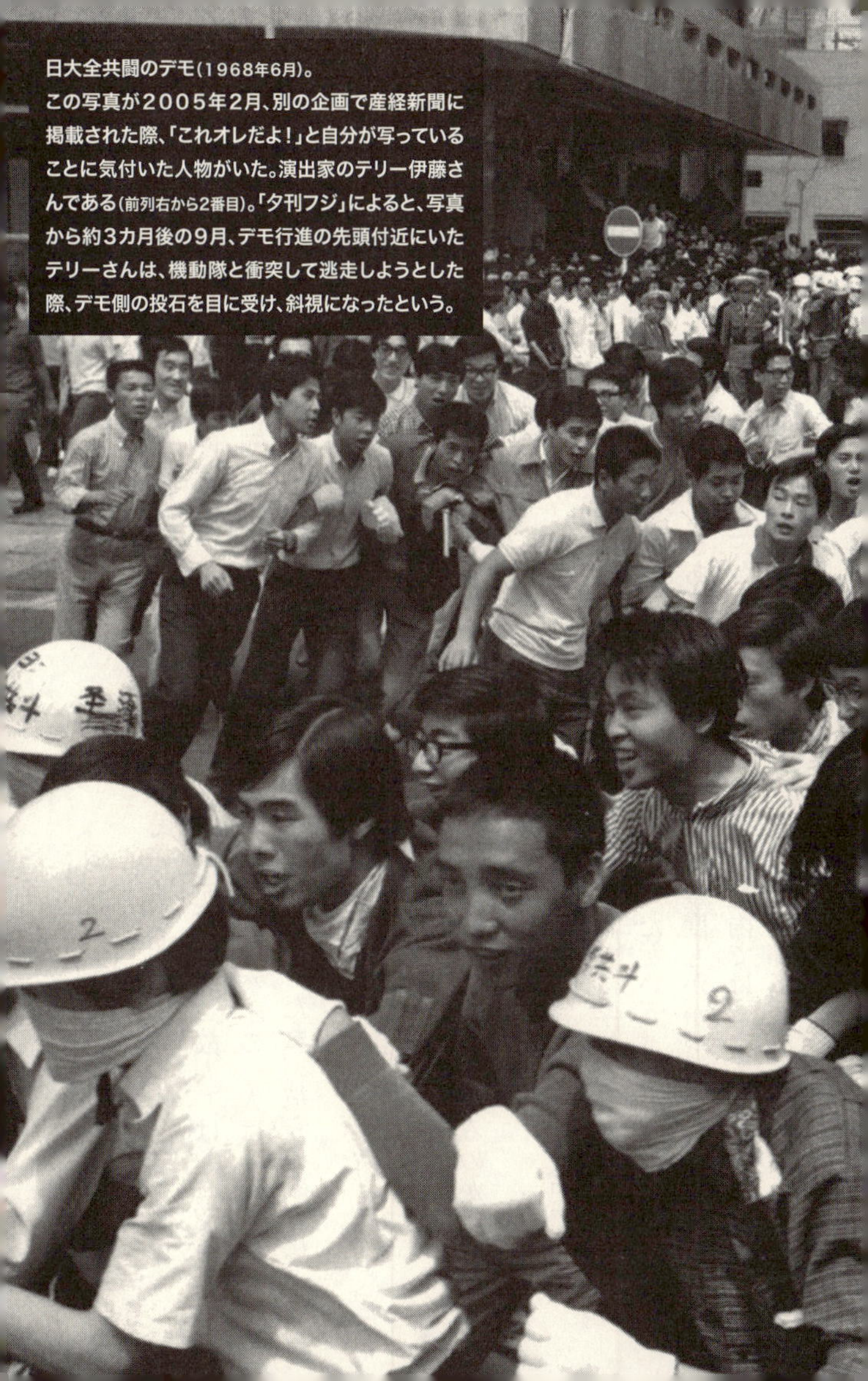

日大全共闘のデモ(1968年6月)。
この写真が2005年2月、別の企画で産経新聞に掲載された際、「これオレだよ！」と自分が写っていることに気付いた人物がいた。演出家のテリー伊藤さんである(前列右から2番目)。「夕刊フジ」によると、写真から約3カ月後の9月、デモ行進の先頭付近にいたテリーさんは、機動隊と衝突して逃走しようとした際、デモ側の投石を目に受け、斜視になったという。

「小沢一郎」「後藤田正晴」……。

小沢氏は日大大学院在籍中の69年に初当選。自民党一党支配を打ち破った「壊し屋」のイメージが支持されているようだ。一方、後藤田元副総理（故人）は69～72年の警察庁長官。全共闘側からみれば〝敵の総大将〟だが、メンバーの一人は「敵ながら筋の通った人だった。護憲の姿勢も好きだった」と評する。ただ、彼らの多くは今、積極的に政治活動はしていない。支持政党もない。

中村さんの一件で逮捕された男性（59）は現在、オーディオ部品会社に勤務している。むろん政治活動からは離れたが、墓参には毎年訪れる。

「そこで1年を振り返る。手をあわせ、自分は何と怠惰な人生を送っているのかと戒めるような思いを抱きます」

すでにお気づきのように、今回の取材は、多くが匿名を条件に答えている。中でも当時幹部だった男性からは「絶対匿名に」と強く念を押された。学生運動から離れて就職した後、勤務先に何度も警察からの電話があったからだという。

「政治活動から離れても、会社あてに嫌がらせのように幾度もかかってきた。中身は特になく『○○さんいますか』といった程度。それでも社内では、よく警察から電話がある人だと不審がられた。もう何もないと思いますが、名前が出ること自体に極度の抵抗がある」

男性はさらに「学生運動経験者のなかには『闘争ごっこ』などと簡単に振り返る人がいるが、私はそんな気分にはなれない。むしろ敗北感が強い」とした上で、こう訴えた。

「『闘争ごっこ』なんて言えるのは、デモにちょこっと参加しただけの連中だ。そういうヤツは、あの運動を通じて、厳しい場面になるとさっさと逃げる処世術だけを身につけたのではないか」

運動の深淵にいた人ほど沈黙を抱えているのだろうか。

当時、日大全共闘議長として1万人の学生を指揮した男を広島に訪ねた。

秋田明大は瀬戸内の小島にいた

「全共闘のシンボル」といわれた男は、瀬戸内海の小島で自動車修理工場を営んでいた。日大全共闘議長だった秋田明大《あけひろ》さん（61）。50代半ばで20歳年下の中国人妻と再婚し、4歳の息子と3人暮らし。過疎化が進む島で、経営状態は決して良くない。油まみれの作業服にジャンパーを羽織り、盛んにたばこに火をつけた。

「運動せんかったら、と考えることもありますよ。船乗りになっとったらとか、若いうちに工場を始めてりゃあ、もっともうけられたとか。まあ似たりよったりの人生とも思うけど……」

1968年。海外ではソ連がチェコに侵攻し、国内では3億円事件が起きた。終戦から23年、戦後生まれの学生たちが増えていた。その年の5月、日大では20億円を超える大学の使途不明金問題を機に学生の不満が爆発。政治活動が禁止されていた日大キャンパスで、21歳の秋田さんは数百人の学生とともにデモを強行した。区間はわずか200メートル。それでも、開学以来初めて行われた学内デモの意味は大きかった。

「ビラ配りもできない日大で学生運動を始めた男」

「日大なのに、リーダーの名は『メイダイ』に」

その名前はカリスマ性を持って瞬く間に全国の同世代の学生たちに広がった。同年9月には日大当局との大衆団交を指揮し、古田重二良会頭ら理事全員が退陣を表明。全共闘運動も頂点を迎えたが、秋田さんら幹部は翌69年3月、公務執行妨害などの容疑で逮捕される。

「伝説の２００メートルデモ」から１年にも満たず、日大の運動は急速にしぼんだ。

昔のことじゃけぇ……

日大全共闘の後輩の男性（60）は当時の秋田さんについて「口数は少なく、演説がうまいわけでもなかった」と打ち明けながらも、「輝いていたというんでしょうか。人を引きつける魅力があって、何とかこのリーダーを支えたいとみんなが思っていた」と話す。

秋田さんは「自分でも、あんなことをやるとは思わんかった。たまたま社会科学研究会に入っとっただけで、最初は水泳サークルじゃったしね。革命とか言っとる者もおったけど、わしはマルクスもレーニンもかじっただけじゃし……」。

当時の状況を尋ねても反応は鈍い。

中枢メンバーの名前を何人か出しても、「はあ、昔のことじゃけえ、よく覚えとらん」。１万人もの学生を指揮したことについても、「あのまま号令をかけて、クワを持たせて農場でも始めれば違った道があったかもしれん」。

そして学生運動そのものについてはこう述べた。

アジ演説する秋田明大さん。その言葉に多くの学生が引きつけられた（1968年6月、日大全共闘記録班提供）、右下は現在の秋田さん。自動車修理工場を営んでいる

「何の感慨もない。わしの人生じゃけえ仕方がない。たまたま質問されているから、こうやって答えてるだけで、昨日生きとったことや、飯食ったことをどう思いますか、と聞かれとるのと一緒じゃな」

　唯一反応したのは、日大全共闘書記長で83年に北海道知事選で「勝手連」をつくった田村正敏氏（故人）の名前を出したときだった。

「週刊誌で彼の活躍をみてね。私なんか何もやってないなと思いましたよ。このまま死ぬまで何もできんのじゃないかと……」

　最初の妻との離婚後は生活が荒れ、後妻とは結婚紹介所を通じて中

国に赴いて知り合った。妻は日本語ができず、漢字を使った筆談でコミュニケーションを取った。少しずつ会話ができるようになり、最近では近所の食堂へパートに出ている。今一番の心配は、孫のような年の息子の将来という。

「子供が20歳になったとき、わしはもう80歳近い。年金もあてにならん。ものすごい不安じゃね」

花火のようなもの

69年末、拘置所から出た後の秋田さんは曲折を繰り返しながら、徐々に政治から離れていった。東京・新宿の路上で「幻視行」というタイトルの自作詩集を売ったこともあった。たいして売れなかった。全共闘の世界ではカリスマ的存在でもあった秋田さんだが、一般の人に顔が知られているというわけではなく、通行人から声をかけられることもほとんどなかったという。

「どうしてそんな活動をしていたのか。はっきりと覚えとらん。明確な理由なんてなかったかもしれん」

その後は、地方の建設工事現場に長期滞在しては月1回程度、東京に帰るという暮らしを続けた。福島県郡山市の作業員宿舎にいたときは、知り合いの俳優から電話があって「映画に出ないか」と言われたこともあった。

「最初は『スコップ持ってるのに映画なんかできん』と断ったが、とにかく東京に戻れと言われ、わけがわからんうちに映画に出た。レコードも出した。肌合いの違うことをさせられてると思ったが、ちょっとOKしたら、ずるずるっとなってしまった」

そしてようやく故郷に戻る。

「疲れて行くところもなかったから」

しばらくは、自分の中で、あの時代に区切りをつけることはできなかったという。

「アジ演説の興奮や警官との攻防がフラッシュバックのようによみがえって気分が落ち着かんかった。そうしたことがなくなったんは再婚してからかもしれん」と話し、さらにこう続けた。

「一生のうちで何かを成し遂げたいと思って、ずっと探してきた。でも結局は何もやってない。全共闘はその瞬間の自分を賭けたということではあったけど、一生を賭けるもんにはならんかった。全力でマラソンしてヘド吐いて倒れたようなもんだと思っている。ただ、あの一瞬は何か、すごいものを見ていたんじゃろうね。花火みたいな……。きれいだったですよ」

広さ6畳ほどの小さな事務室には工具や書類が散乱していた。窓の向こうからは瀬戸内の波の音だけが静かに聞こえていた。

「ちょっとパートの女房を迎えにいってくるけん」

そう言って軽トラックを動かし、再び現れた秋田さんの横には、地味な服装の小柄な女性が立っていた。

「前の女房は取材受けたら離婚と言っとったけど、こいつは、当時を知らんので関心ない。活動家だったこともようわからんようじゃ。息子もようしゃべるようになって『パパ、掃除しなさい』とかうるさい。結局はわしがアンパンマンのおもちゃまで片付けてるんじゃけどな」

「伝説の闘士」はごま塩頭をさわりながら、照れ笑いし、最後にこう述べた。

「何かしたいとは思うけど、何をしたいか見つからない。でも最近はそれでもいいかとも思っとる。嫁がいて、息子がいて……。最期に『わしは何もできんかったのう』と死んでいければ、それはそれでいい人生かもしれん」

◇

10年前の取材当時4歳だった秋田さんの息子は中学3年生になった。2018年夏に再び取材すると、秋田さんは「子供がいるから、まだまだ頑張らなきゃいけないね」と話してくれた。「全共闘から50年。思うことはありますか」と尋ねたが、「僕はね。そういうのはないです」とあっさりと答えた。「ずっと仕事を頑張ってきてね。一応、一人前の職人になったのかなあとは思ったけど、今度は身体があちこちガタがきちゃったよ」。

日大アメフト問題についても尋ねてみたが、「僕はそういうのは、特にないです」と述べるだけだった。

ヘルメットがカッコ良かった日

「女の子にもてたかったからな」

今もやや長髪のその男性は、ひょうひょうとした口調でそう答えた。兵庫県に住む山形英夫さん（59）＝仮名。大阪市内にある企業で管理職を務める彼は40年余り前、同志社大でヘルメットをかぶり、口元をタオルで隠し、片手にゲバ棒を持っていた。

当時、同志社は「全共闘」ではなく、全学闘争委員会（全学闘）と名乗っていた。

山形さんは、熱心な活動家として複数の党派をわたり歩いたが、大学は4年で無事卒業。そのまま現在の会社に勤め続けている。

「今では考えられないだろうが、当時はバリケードの中にいるなんて言うと、女のほうから近寄ってきた。地方へデモに行くときなんか、京都駅のホームで『ねえ、いかないで』なんてことをやっていた。あまりみんな本当のことは言わないだろうけど、そんなもんだった」

大阪・御堂筋をデモする学生たち。山形さんもこの中にいた（1969年6月）

本来は機動隊などとの衝突から「身を守る」ための道具だったヘルメットも、実際には「ファッション」の意味合いが強かったという。

法政大全共闘のメンバーだった男性（60）は「今の若い

人だってサングラスをすれば気持ちが変わるでしょう。当時もヘルメットとタオルで顔を隠せば、違う自分になれたような気がした。なんでもできそうな気がした」。

1967年入学の山形さんは2回生のとき、東大全共闘を支援するグループに加わり、安田講堂にも籠城した。69年1月の安田講堂事件である。数日後に機動隊突入を控え、残って闘う者と帰る者をくじ引きで決めた。

ただ、山形さんは「パクられるのは絶対に嫌だ」と思っており、「どちらに決まっても、逃げるつもりだった」という。結局くじの結果は帰還組。「犯罪者」になることも、「逃亡者」の汚名を着せられることもなかった。

家族優待券

山形さんらの言うように、全共闘はファッションや一過性の流行に過ぎなかったのか。

そもそも、全共闘運動より10年近く前の「60年安保闘争」で「全学連」と呼ばれた当時の学生たちは素顔をさらしたまま活動していた。ヘルメット姿が一つのスタイルになったのは67年10月8日の「羽田闘争」がきっかけだったという。

佐藤栄作首相（当時）の南ベトナム訪問阻止を狙う学生部隊はヘルメットと角材で

初めて本格的に武装、機動隊と衝突し阻止線を破った。

学生側には死傷者も出たが、一時的にしろ機動隊に「勝った」という衝撃は大きく、学生運動が高揚するきっかけにもなった。

山形さんは、この一件を「10・8ショック」と呼んだ。その場にはいなかったが、大学に入って半年後の出来事でもあり、「学生が警察にも勝てる」という勇ましさと、ヘルメット姿の格好良さにひかれたという。

ヘルメットにはその後、党派ごとに色が塗られるようになった。「羽田」から3カ月後の68年1月のエンタープライズ佐世保入港阻止闘争がきっかけとされ、「解放派」と呼ばれる学生たちの青ヘルばかりが目立ったため、別の「ブント系」と呼ばれる学生たちが急遽現場でポスターカラーを買って赤く塗ったという。

山形さんもこの闘争に白ヘルで参加した。

ただ、「オヤジが国鉄職員だったので家族優待券で各地の闘争に参加していた。今にして思えば親のすねかじりの極みだった」とも明かす。

77％と41％

当時、大人たちはヘルメット姿の若者たちをどう見ていたのか。

68年末に総理府（当時）が全国の成人男女3000人に行った調査によると、学生運動を「困ったことだ」「厳しく取り締まるべきだ」と答えた人は77%。学生運動が「一般の人に迷惑をかけている」と考える人も同じく77%いた。

一方で、学生が訴える不満や主張でもっともだと思うことが「ある」と答えた人は41%もおり、学生たちの行動には顔をそむけつつも、その言い分には一定の理解があったともとれる。

山形さんは就職活動も比較的スムーズだった。逮捕、起訴されていれば別だが、当時は企業側にも「多少の活動歴は仕方がない」という雰囲気があったという。

ただ、安田講堂では難を逃れた山形さんも、69年6月15日の大阪・御堂筋での反戦デモでは機動隊ともみあって逮捕されかけた。3回生のときだ。溝に落ちて意識を失いかけていると、若い隊員の「しょっぴきましょうか」という声が聞こえたが、上司の隊員は「のびてるからいい」と簡単に見逃してくれたという。

「あのとき逮捕されていたら、人生は変わっていた。うまく逃げ切れた」

「革命を信じていたとか、こんな世の中にしたいなんて思いはなかった」

「時代の雰囲気だったから参加しただけ」

「何より女の子にもてたかった」……。

山形さんは繰り返しそう述べたが、本当に言葉通りなのだろうか。「逃げ切った」「もてたかった」と口にすることで、あの時代を正面から総括することを避けているようにも見えた。かつてヘルメットとタオルで自分の顔を隠したときと同様、若かりし日の理想や主張を軽薄な言葉でごまかしているようにも思えた。

実は新聞連載当時、「こんな企画は全共闘世代は決して読まないだろう」という意見が複数寄せられた。

「全共闘よりやや下の世代」という男性（57）はこう記していた。

「革命を叫んだ自分と今の自分がどう違うのか。そこがあぶり出されるのがいやだからだ。自分自身が大人になってしまい、夢や理想を語っていたころを振り返るのが怖いからだ」

◇

山形さんは、勤めていた大手企業で定年を迎え退職した。役員にこそなれなかったが、出世の階段を登って管理職としても活躍。定年後もすぐには会社から離れず、嘱託などとして仕事を続けた。２０１８年時点では、すでに社員としての籍は失っているというが、仕事上のさまざまなつきあいは残っており、時折、会社に顔を見せているという。

リーダーから皿洗いに

大都市の繁華街にあるオフィスビル。事務スペースを仕切っただけの部屋が社長室だった。全国に100店舗以上を構える有名飲食チェーンの中枢とは、とても思えぬほど簡素だった。

代表取締役社長の福井悟さん(61)＝仮名＝はかつて、ある関西有名私大の学生運動のリーダーとして1000人規模の学生を率いていた。

白髪交じりの短髪に濃紺のスーツ。社長相手に失礼だが、飲食チェーンというよりも大手銀行や大手商社の重役といったほうがしっくりくる。

社内では、皿洗いの平社員から社長に上り詰めた立志伝中の人物として知られ、チェーンを全国規模に成長させた立役者でもある。

「言いにくい部分もありますが……」と前置きをしつつ、学生運動についてきっぱりと〝総括〞した。

「しょせん、コップの中のプチブル（小金持ち）学生の反乱だった。一時的に盛り上がった局面はあったが、学生は根を張っていなかった。その点、商売はすべて実証主義。お客さんがついてくるかどうかという価値しかない。甘ったれた理論で社会が動いているわけでないと、この仕事を通じて痛感しました」

１９６９年1月の東大安田講堂事件では、関西から約50人の〝部下〞を率いて籠城した。3回生のときだ。ただ、機動隊突入の寸前、このうちの約半数とともに撤退した。「全員が突き進めば、その後の運動を担うメンバーがいなくなる」という判断だった。

玉砕覚悟で権力と闘うことが美徳とされた時代背景からすれば、苦渋の決断でもあった。ただ、撤退組とともに大学に戻った後、逮捕された仲間の多くが長期間勾留されたことを知り、リーダーとしての責任を改めて感じた。運動の一線も退いた。

「全員が釈放されるまでは……」と就職活動もあえてしなかった。気がつけば6回生になっていた。

働くということ

60年代後半に学生時代を過ごした「全共闘世代」はリーダー不在の世代ともいわれる。

タレントや作家など個性的な才能を発揮している人は多いものの、与党政治家やカリスマ的な経営者は意外に少ない。自民党の総理経験者でいえば、小泉純一郎氏（42年生まれ）から安倍晋三氏（54年生まれ）までの空白の期間にあたる。福田康夫氏は36年、麻生太郎氏は40年生まれで、2人はともに小泉氏より年長だ。民主党政権で総理になった鳩山由紀夫氏（47年生まれ）、菅直人氏（46年生まれ）の2人だけが団塊世代（野田佳彦氏は安倍氏より若い57年生まれ）であり、社会全体に占める同世代の割合から考えると、思ったよりも目立たないといってよいだろう。

そうした理由の一つとして、当時の運動のリーダーたちが軒並み刑事処分を受け、社会の一線からはずれてしまったことを挙げる人もいる。彼らの中には予備校や塾で講師を続けたり、自分で小さな会社を起こしたりした人も少なくない。一般企業に入り、社長にまで昇進した福井さんは、学生運動のリーダーの中では相当なレアケースである。当時、会社側は彼の経歴を承知の上で採用してくれたという。26歳のときだった。

「大学に入学したころは商社に入りたいと思っていたし、先輩のツテで大手スーパーに誘われたこともあった。でもやっぱり逮捕された仲間のことを考えると自分だけが楽をしてはいけないと思った。就職するなら、大手ではなく、小さな企業や遅れている業界、自分が苦労しそうなところへ行こうと思っていた」

それは、高度成長が進むにつれて大学教育がマスプロ（大量生産）化し、「企業戦士の育成」や「学生の即戦力化」に主眼が置かれ始めていたことへの反発でもあったという。

入社当時は洗い場だけでなく、階段を磨き、トイレ掃除も繰り返した。

「便所が汚いから、この店はまずい」

たまたま客に言われた一言が胸を突いたからだ。

「その後は一生懸命でね。便器に素手を突っ込んで磨いていたら、お客さんから『料理うまかったよ』と言われてね。これが本当の労働だと感じるようになった。学生時代には『労働者大衆』なんてことを演説していたが、カンパでもらう1万円と、自分で汗をかいてもらった1万円は違うんだと……。働く人の世の中をつくろうと思ったら、まず自分が働かなくてはと思った。学生運動の帰結として、働き続けなくてはいけないと思った」

理屈だけでは

就職後10～15年は学生時代の知り合いとのつきあいも断った。「一からこの会社を大きくしていきたかった。時間もなかった」と振り返る。

過去については社内でもオープンだった。余興の席では先輩社員からヘルメットをかぶせられ、アジ演説をさせられたこともあった。営業部長時代は、地域の祭りで、商店街の人たちとみこしを担ぎ、先頭で笛を吹いた。「デモの指揮と似ている」と思いだしたこともあった。

現在の従業員は約3000人。飲食だけでなく他業種にも業務を拡大している。その頂点に立つ福井さんに「リーダーとは何か」を改めて聞くと、「器物損壊とかした人間がえらそうなことは言えない」としながらも、こんな答えが返ってきた。

「仕事でも学生運動でもどれだけ情熱を持っているかが大事ではないか。当時だってマルクスが正しいから運動をしたわけではなく、この人の言うことを信じようという人がたまたま集まってくれたから自分はリーダーに祭り上げられただけだと思う。理屈だけ言っても始まらない。理屈は実践して初めて理屈になるのだと思う」

福井さんにも実名での登場を申し込んだが、「絶対にやめてほしい」と強く断られた。

「私がしているのは客商売。いろいろなお客さまがいます。例えば当時、学生運動に対して嫌な思いをした人もいると思います。そういう人の気持ちやそれに伴う影響を考えると、隠すつもりはないのですが、ひけらかすような気には決してなれません」

◇

福井さんはその後、経済団体の役員なども務めた後、2013年、社長職を退任して後進に託した。トップとしての第一線は退いたが、現在も副会長として会社にとどまり業務を続けているという。

女学生闘士のその後

「『さらば——』というタイトルはうれしくない。私は今も行動している。下の世代になにがしかの責任をとるためにも、走り続けてきたんです」

近藤ゆり子さん。今でも反戦運動などに取り組んでいる

取材班にそんなメールを寄せた岐阜県大垣市の近藤ゆり子さん（58）に会いに行った。トレードマークの和服姿で反戦運動を続ける地元では有名な女性活動家だ。元東大全共闘の闘士でもある。

当時のメンバーの男女比は約30対1。当たり前のように女性が軽く扱われる時代だった。

「何を言っても子犬が吠えているとしか思われなかった。上層部も、私のことをキャンキャンとかみついてうっとうしい存在と見ていたかもしれない」

家族や親戚のほとんどが東大卒というエリート一家。理屈っぽい性格からか、周りからはいつも「女のくせに」と言われ、反発した。ますます「男になんか負けるものか」と思った。

小学5年生だった1960年。「60年安保」に反対する全学連デモ隊が国会で警察隊と衝突し、東大生の樺美智子《かんば》さんが死亡した。

「10年後は自分も東大で学生運動をしている」

そんな未来を予感した。

「教科書を3回読めば、中身が頭に入った」と言い、68年4月、県立千葉高からあっさり東大に入学。自己紹介でいきなり、クラスメートにこう言い放った。

「70年安保を闘いたいと思います。そのための勉強をしたいと思います」

機動隊への投石は男の役目だった。「女は下がって炊事当番をしろ」とも言われた。それでも前に出て石を投げた。あまりのコントロールの悪さに「味方にあたるではないか」と叱責され、しぶしぶ石拾いの仕事に回った。「優等生」であることがいやで実家も飛び出し、「女であること」をうとましく思うこともあった。

女性だけのデモ隊列を作ったとき、規制に入った機動隊員たちの手が胸に伸びてきたこともある。機動隊には、優秀なのに経済的理由で進学の道をたたれた同世代がいることも理解はしていた。「本当の敵ではない」と思っていた。でも「憎しみがわいてきた」。

ゲバルト・ローザ

当時ゲバ棒片手に活動した女性闘士はドイツ共産党の女性革命家、ローザ・ルクセンブルクにちなんで「ゲバルト・ローザ」とも呼ばれた。バリケードの中のはしごをミニスカートでかけ登るようなタイプもいたが、多くは、きまじめで純粋な女子学生だった。

後に父親がまとめた日記『二十歳の原点』で知られる立命館大学生、高野悦子さんのように学生運動を通じて自らの生き方に悩み、20歳で鉄道自殺を図った女性もいた。

彼女は死の直前に、こう書き残している。

《生きてる／生きてる／生きている／バリケードという腹の中で／友と語るという清涼飲料水をのみ／デモとアジ／アジビラ／路上に散乱するアジビラの中で…》《独りであること、未熟であること。それが私の二十歳の原点である》（新潮文庫『二十歳の原点』より）

男女雇用機会均等法の施行より十数年も前の時代。大卒女性は就職も厳しかった。ほとんどは専業主婦か、公務員や教師になるしかなかった。ただ、男子学生の多くが、その後、企業戦士として転向していったのに対し、女子学生たちの中には現在も「純粋」な人が少なくない。

東京の女子大で全共闘経験がある専業主婦（60）は、息子が一流大学から一流企業に入ったことを「気に入らない」と批判した。

「安定だけを求める生活は、学生時代の自分が最も嫌っていたものです。せっかく自由に育てたつもりなのに、息子は何もわかってくれなかった」

九州の国立大で学生運動経験がある元公立高教員の女性（61）は退職を機に本格的に平和運動を始めたという。

「授業中に個人の考え方を押しつけることはできなかった。でも、ようやく自由になった。私は学生時代も全学ストライキには最後まで反対するほど、きまじめでしたから……」

「女性闘士」をめぐっては、壮絶な内ゲバ事件を起こした連合赤軍リーダー、永田洋子死刑囚（2011年、65歳で獄死）を連想する人も多い。彼女にしても「純粋すぎたがゆえの犯行」という見方がある。一方で、全共闘に参加した女性たちの社会への不満や反発の萌芽は、後のウーマンリブやフェミニズム運動などを経て、男女平等の考え方や女性の社会進出にもつながっていった。

「逃げてきた」ゆえに

72年春、近藤さんは東大を中退した。医療労働者の待遇改善闘争に参加する中で、自ら准看護師学校に入学するためだった。69年1月の安田講堂攻防戦から3年。キャンパスは平静さを取り戻し、就職を前にした男子学生たちが運動から手を引いていく中で、彼女は「学生運動」そのものに限界を感じ始めていた。

一方で看護師学校の仲間からは次のように言われ、ショックを受けたという。

「私たちはあなたとは違う。看護師として家族を養わねばならず、闘争によるリスクを背負えない。あなたもどうせ闘うのなら中途半端なことはやめてほしい」

以降、「職業革命家」として左翼セクトに入り、在日朝鮮人の入管法反対闘争などでも活動した。逮捕や長期勾留も経験したが、「結局は、今いる地方都市に逃げてきた」。

東大時代からの活動仲間だった夫の学習塾を手伝い、政治活動からはしばらく距離を置いた。夫婦水入らずの生活はそれなりに楽しかったが95年、立ち上がらざるをえなくなった。オウム真理教事件がきっかけだった。

「人を殺すことを正しいとまで錯覚する感覚が新左翼の内ゲバの発想に似ているように感じた。私たちのしてきたことを自ら総括せねば、下の世代に何も残せないと思った」

現在は憲法9条を守る活動やダム建設中止運動に携わる。〝同志〟だった夫は98年、転落事故をきっかけに亡くなり、一人暮らしになった。自身も08年2月、乳がんの手術を受けた。いつも和服を着ているのは「お金がないから」という理由と、手術跡を目立たなくするためだという。

「『革命』という言葉で何を連想するかはさまざまですが、世直しは今もなお、よりいっそう必要です。『さらば』どころではないんです。でも私には病がある。そろそろ自分の人生を言語化すべきときかもしれないとも感じています」

◇

近藤さんは、その後も積極的に政治運動を続けている。今、最も懸念しているのは、長期政権となっている安倍政権の動向だ。自らが事務局長を務める市民団体のホームページには「戦争反対！安倍9条改憲NO！市民と野党の共闘をさらに進めよう」というスローガンが記されている。

再度の取材に対して、近藤さんは「基本的に自民党政治はみんな嫌いですが、アベ政治はひときわ問題です」と指摘。「政策の一つ一つも気に食わないが、国会や政治に対して、何を言っても通じないという雰囲気をつくってしまっているのが問題。これは独裁の下地をつくっているともいえます」。年を重ねて体調は優れないとはいうものの、いくつもの市民運動を掛け持ちするなどして忙しい日々を送っているという、「時間がなくて死にそうよね」と話していた。

駿台予備校カリスマ講師の〝闘争〟

「勉強とは考える力をつけること。頭の中を組織することです。組織という点では学生運動と同じです」

生徒らのノートを取る手が止まり、教室のあちこちから笑い声がもれた。「学生運動」「全共闘」というキーワードは、ひとときの「雑談タイム」の始まりを意味していた。

大阪府豊中市の駿台予備学校大阪校。人気講座「スーパー英文読解法」はこの日も満員だった。教壇に立つのは名物講師の表《おもて》三郎さん（67）。かつて大阪市立大全共闘のリーダーだった。

「私が活動家だったことは生徒たちに何度も話している。もちろん話し方は考えているが、当時のことは『歴史』として知っておいたほうがよいと思っている」

1968年ごろの学生運動高揚期にはすでに大学院生。全共闘世代より少し上にあたり、市大では運動の理論的指導者として「闘争宣言」も執筆した。

市大メンバーの3年下には、70年に「よど号ハイジャック事件」を起こす田宮高麿・赤軍派最高幹部（故人）もいた。

事件の数カ月前、キャンパスで「表さん、全共闘はどうなる？」と聞かれた。自分なりの展望を話したつもりだったが、「俺はもっと大きいことをするよ」と彼は答えた。

「あれが予兆だったのかと後で思った。『デモでは何も変わらない』と言って活動を先鋭化させた彼のやり方は間違っていた。それでも、人間的にはすばらしい男だった。なぜ赤軍に行かせてしまったのか悔やまれる」

当時、奈良女子大の活動家だった妻と学生結婚していた表さんは、ツテを頼って予備校講師の口をすでに見つけていた。命じられた英作文担当に自信はなかったが「得意分野です」とハッタリをかました。以来40年近く。「食うために始めた」仕事はいつの間にか天職になっていた。

大学解体との矛盾

学生運動の衰退後、活動家から予備校講師に転身した人は多い。同じ駿台では、全国全共闘議長で東大全共闘代表の山本義隆さん（66）が物理を担当。河合塾で現代文を教える牧野剛さん（2016年、70歳で死去）も名古屋大のリーダーだった。逮捕歴などにより就職が難しかったという見方もあるが、あえて就職しなかったり、研究室に残らなかったというケースも少なくない。彼らの中には学生運動がなければ、超一級の学者になっていた人もいるという。予備校は、既存の道程を拒否した学生たちの受け皿でもあった。

表さんは「予備校の講師はどんなレベルの生徒にも教えられる能力が必要だ」と訴えた上で、こう指摘する。

「もともと予備校は大学教授たちがアルバイトで教えることが多かった。ただ、彼らは専門バカだ。『それは専門じゃないので』などと言ってすぐに逃げる。だからこそ、私たちは全共闘運動で彼らにノーを突きつけた。既存のアカデミズムの中に逃げ込む連中と徹底的に討論したかった」

教壇に立つ表三郎さん。大阪市大全共闘のリーダーだった

だが、「大学解体」をスローガンに掲げた活動家たちが、若者たちをより偏差値の高い大学へと送り込む予備校講師をすることに矛盾はないのだろうか。

表さんの答えは明快だった。

「私が予備校で一生懸命教えるのは、大学をこれ以上ダメな場所にしたくないからだ。少しでも質の高い生徒を送り込むことで、大学を変えたいとずっと思っているんです」

予備校とは何か

表さんの授業は、学生運動だけでなく、60年代のロックや文化に話題が飛んだり、人生論に及ぶこともある。これまでの教え子は20万~30万人。兵庫県西宮市の男性会社員（42）は20年以上前の予備校時代の表さんの授業を今も鮮明に覚えている。高校時代までには決していないタイプの〝恩師〟だった。

「当時、すでに学生運動は過去の話だったが、あの時代がものすごく身近に感じた。僕らを扇動していたわけではなく、物の考え方や教養の大切さを教えてもらっていたような気がする。『早く大学に行って本当の知識を身につけなくては』と思った記憶がある」

一方で一部の生徒の親からは「授業以外の話はしないでほしい」「左翼みたいな講師を雇うな」などの抗議を受けたこともある。ただ、多くはすぐに納得した。子供の成績が見事に上がったからだ。何よりも実績が問われる職場だからこそ「結果」に対しては誰も文句が言えなかった。

表さんは「私は学生運動の話を通して、子供たちをオルグしたいわけでも、思い出を語りたいわけでもない。『間違った世の中は変えなくてはならないよ』と言いたいのです」と話し、さらにこう付け加えた。

「子供たちの反応は時代によっても違う。バブル経済の浮かれていたころに比べると、今のほうが反応がいい。ニートやフリーター、格差社会など彼らの周りにも問題が山積しているからだと思う。何かが間違っていると敏感に感じ取っているからだと思う」

現在は、授業前にも個別質問を受ける時間を設けている。少子化などの影響でたくましさに欠ける子供も多く、個々のコミュニケーションの機会を増やさねばならない面もあるからだ。それでも一人ひとりを見れば、この40年で若者たちの性質が大きく変わったわけではないという。

「予備校時代というのは人生で一番悩むとき。自分自身と最も真剣に向き合い、ときには自分自身を変えていかねばならない時期でもある。だからこそ、僕の話にすっと入ってきてくれるのだと思う」

〝革命家〟にとって、やはりこの仕事は天職なのかもしれない。

◇

表さんは2018年5月に駿台予備校の講師を引退。悠々自適の生活を送りながら、現代思想についての論文を書くなどしているという。「僕はゴリゴリの左派だったけど、階級闘争やプロレタリアートという考え方はもう過去の話。全員がプロレタリアートになってしまった、ということを書き残していきたいと思うんだよね」と話していた。

逮捕歴5回　東大元闘士の転向

全国で「村」にある弁護士事務所はわずか3件。そのうちの1件が奈良県明日香村にある飛鳥京法律事務所だ。ここで一人、孤塁を守る弁護士の松原脩雄さん（63）は東大全共闘の元闘士だった。

1969年1月の安田講堂攻防戦で凶器準備集合罪などで逮捕、起訴された一人でもある。

「塀の中に入った人の気持ちがわかる」という異色の弁護士だが、還暦を過ぎた今の思想を尋ねると「どちらかといえば右」と答えた。

「考え方が変わったということ。つまり転向です。伝統的保守を大事にする民主主義に落ち着きました」

消費税の是非が問われた90年の衆院選では、当時の土井たか子委員長のもと、請われて社会党から出馬し、衆院議員を1期務めた。ただ、同党の非現実路線にはすでについていけず、政権交代能力のある政党に変えようと、党内で自衛隊や原発の容認論などに取り組んだ。

最終的に社会主義や共産主義と決別するきっかけになったのは翌91年のソビエト連邦の崩壊だった。「マルクス主義の世界観が完全に終わった」と思った。

全共闘世代で、松原さんのように堂々と「転向」を口にする人は、むしろ少数派だ。

転向という言葉に後ろ暗い意味合いを持たせ、自らの過去や思想の移り変わりをはっきりと語らない人も多い。若かりし日には、なぜ運動をするのかと問われ「ベトナム戦争」「大学解体」と明快に答えた人たちも、運動から離れた理由については口をつぐんでしまう。

松原さんは、選挙戦でも運動歴を隠さなかった。

「昔で言うところのゲバ学生でした」と演説などで公言し、弁護士事務所のホームページのプロフィルにも「逮捕歴」が記されている。過去を隠すつもりはないのは「徹底的に体を張ってやった」「完全燃焼した」からだという。

人生の分かれ目

大阪府立大手前高校から64年に東大進学。中学、高校はラグビー少年だったが、入学直後から新左翼セクトに入り、マルクスを読みふけった。逮捕歴は5回、留年は3回。安田講堂事件では、その年の夏まで勾留されたが完全黙秘で執行猶予判決を受けた。何も知らずに警察に呼び出された母親は、逮捕歴の数に驚いたという。

「僕は体育会系ですから、デモでもストライキでも、理論より体を張ることが大事だと思った。自らが当事者になることで、権力に対する怒りに震え、機動隊に殴られて痛みを知る。それをやることで人間は変わるんです」

実は松原さんは、落城直前の安田講堂にあえて飛び込んでいる。当時、すでに運動の一線を離れていたが、「同志が体を張っているのに、何もしなければ一生後悔すると思ったからだ。率先して火中の栗を拾った行動に周囲は驚いた。一方で、途中で逃げ出したり、運動の中枢に飛び込めなかったりしたメンバーの中には、いまだ不完全燃焼の思いで、コンプレックスを抱く人もいるという。

ただ、松原さんが現在のように「きっぱり」と過去を総括できたのは、その後の弁護士や衆院議員としての成功体験が大きいからではないか。

当時の運動経験者の中には就職もままならず、社会から身を隠しながら、過去に目

機動隊との攻防で炎が上がる安田講堂（1969年1月）

をつぶって生きてきた人もいるからだ。

松原さんは「そうかもしれません」と否定しなかった。その上で、「みなそれぞれ、人生の分かれ目のようなものがあったのだと思う。結果論ですが、私は、何とかうまくいくように自分を変えてきたのだと思う」と話した。

あの時代に戻れたら

弁護士ゼロの明日香村に事務所を構えたのは07年3月。全共闘時代の「大衆とともに生きる」という思想と「日本の伝統文化の源流の地」という、いわば「左」と「右」の2つの理由からだった。村の弁護士としての活動は地域密着型で、村民の相談には安価で応じる。一方で息長く続けるため、村民同士の係争は受け付けないとも決めている。

以前に、弁護士仲間と同じ奈良県内で事務所を開いたときには、「貧しい人のために」と積極的に国選弁護人を引き受けながらも、「思想的な壁にぶつかった」。どちらが勝訴するにせよ、司法という制度自体が国家に権力発動を促す行為だと感じたからという。

「今にして思えば、反権力や左翼のイデオロギーからはなかなか抜けきれなかったのだと思う。ただね、負けてしまった思想にいつまでもこだわらざるを得ないようになると、だれとも話が合わなくなる。逆に話ができる人がいたり、全共闘の同窓会というようなものがあったりしたとしても絶対行かないですけどね」

現在好きな作家は「日本人の伝統や生き方を考えさせられる司馬遼太郎」。

好きな政治家は「自民党はダメなので小沢一郎」。

築100年の古民家で、和服姿で六法を開く姿に「元左翼活動家」の面影は微塵もないが、それでもかつての自分の行動が間違っていたとは決して思っていないという。むしろあの時代に戻れたら、「また参加するかもしれない」とさえ言う。思想的には間違っていたとしても、あの運動自体は、若者たちが「私」ではなく「公」のために自己を犠牲にした闘いだったと強く思っているからだ。

「僕は当時の学生たちの行動や勇気は歴史として語り継がれるべきだと思っている。この国がおかしくなったときに真っ先に声を上げなければならないのは次世代を担う学生たちだからだ。この先も自由で安全な社会が続くかどうかはわからない。再び学生が街頭で立ち上がらなくてはならない日がくるかもしれないのだ」

大学生になる息子たちには、そう訴えているという。

◇

現在も奈良県明日香村で弁護士活動を続けている松原さんに再取材した。今、あらためて好きな政治家を尋ねると、「変わらず小沢一郎さん」という言葉が返ってきた。「必要なことは政権交代が可能な二大政党をつくること」と言い、「何かやってくれる」という期待感を持たせてくれるのはやはり小沢氏なのだと指摘していた。

小沢氏は２０１８年７月、かつての政敵だった小泉純一郎氏を「原発ゼロ」をキーワードにしながら、自らの政治塾に招くといった行動もとった。松原さんはこうしたことを引き合いに「小沢さんには『何か考えているな』と思わせるところがある」と話していた。

さらに、最近の注目の政治家を聞くと、「上手くは行かなかったが、目の覚めるようなことをしてくれた」として、小池百合子東京都知事の名前をあげた。

松原さんは、「全共闘は今でも心のなかにある。何の意味があったのか。半世紀たっても思い起こすことがある」と指摘。「全共闘は体制批判だったわけだから、資本主義の批判ともいえます。半世紀たって、資本主義は安泰とはいえないと考えています。当時の各地の学生がわけがわからない状態で騒いでいたようなものでしたが、直感的に何かを感じていたともいえるのかもしれません」。

日本のレーニンが知った労働

かつて「日本のレーニン」と呼ばれた男は、東京都清瀬市の市営駐車場で汗を流していた。1960年代後半、「世界同時革命」を掲げて武装闘争路線を指揮し、破防法違反罪などで19年9カ月の獄中生活を送った元赤軍派議長、塩見孝也さん（67）。07年末から市のシルバー人材センターに登録し、月に9日ほど派遣先の駐車場で働いている。

市営駐車場で働く元赤軍派議長の塩見孝也さん。左下は 71 年当時の塩見さん

「この年になって、ようやく労働の意義を実感している。39歳のひとり息子も『親父がまともな仕事をするのは初めてだ』と喜んでいます」

それまでの生計は「カンパや講演料に頼ってきた」というが、あえて働き始めたのは07年秋、心臓を患ったのがきっかけだった。「もっと自活能力を付けたい。地に足のついた生活をしながら革命を追求したい」と思ったからだという。

赤軍派は、かつて最も過激な集団とされ、交番の連続襲撃や、首相官邸占拠を狙った軍事訓練「大菩薩峠事件」などを起こした。配下には、よど号グループのリーダーだった田宮高麿最高幹部（故人）や、後に日本赤軍を創設する重信房子被告（63）ら数百人がおり、連合赤軍のあさま山荘事件や、日本赤軍のダッカハイジャックなど現代史に残る重大事件の源流には、常にこの組織の存在があった。

その理論的支柱だった塩見さんは「彼らも、全共闘の世代の連中も、みんな僕がオルグした。僕らは、若い力で暴力革命を起こそうと本気で思っていた」と振り返りながらも、当時の手法については、「未熟だった。軍事至上主義だった」と率直に認める。

一方で「不況だろうと、バブルだろうと、時代は変わっても、資本主義には矛盾があり、労働者階級が解放されるべきだという基本路線は当時と一緒だ」「これからは無血革命という大理念を大事にしたい」とも述べるなど、その思想は根本的には変わっていない。

よど号事件も間違い

文学青年だった塩見さんは2浪の末、62年に京都大に入学。アルバイト先の生協の先輩の影響で学生運動に入った。３回生のとき東京に出向いて、中央大など首都圏の学生のオルグを担当。「学費値上げ反対闘争を勝ち抜き、全共闘の原型をつくった」

という。

赤軍派が公然と登場したのは69年9月。東大安田講堂の落城から8カ月が過ぎており、「全共闘はすでに行き詰まっていた。最後はドンパチをやらないと世の中は変わらないと思っていた連中が僕のところに集まってきた」。

塩見さんの逮捕後に起きた70年のよど号事件は、北朝鮮のテロ支援国家指定解除にからみ、メンバーの「引き渡し」が議論に上るなど、いまなお注目される事件でもある。

塩見さんは、この事件についても「人民を盾にしたという点で誤った方針だった」と総括する一方、「彼らは帰ってこないほうがよい。仮に帰ってきたなら、そのときは不屈に最後まで闘うと意地を見せてほしい」とも話す。

自身が出所した89年はバブル景気のまっただ中だった。80円だったハイライトは220円になっていた。学生運動や左翼運動の熱気が失われていたのもショックだったが、飲食チェーンやコンビニエンスストアの乱立など世の中が豊かになっていたことにも驚いた。以来20年近く。赤軍派結成以降、塀の中と外の生活をほぼ半分ずつ過ごしたことになる。

「獄中では、革命について思索を重ねる観念的な日々を過ごした。出所したときはまるで浦島太郎。いまなおリハビリ中と思うこともある」

ミク友は600人

塩見さんが働く駐車場は駅近くのショッピングセンターに隣接し、休日は約1000台が利用する。当初の時給は1000円だったが、「副々班長」に就任してからは、役職手当で50円上がった。

「役職に就くのは労働者を管理する側に回ることであり、刑務所でも班長への就任は断固拒否したが、ここでは仕方がない」と主張する一方、「働くとは、すばらしいことだ。社民党や共産党の幹部も理論だけでなく実践したらいい」と、自身の「初めての労働」をうれしそうに語る。

「車両の誘導自体は単純作業だけど、発券機の操作などは経験も必要。一番困るのは駐車券を無くした人の処理だな。掃除のおばちゃんや、出入り業者の運転手たちとのささやかな会話も楽しみの一つだ」

最近では自身のホームページに加え、若者に人気のインターネットの会員制サイト「m・i・x・i（ミクシイ）」にも熱中する。ハンドルネームは「預言者」。宗教ではなく、社会科学の力で未来を導くという意味を込めたという。

「『ミク友』と言うんでしょうか、ミクシィを通じた若い友達は600人以上いるね」

ただ、そうした近況について、かつてこの人の「思想」に青春をかけた世代はどう思うだろうか。あるいは内ゲバに巻き込まれて亡くなった人の遺族や、「体制側」として赤軍派と体を張って対峙した人々はどんな感想を持つだろうか。

塩見さんは「要するに、僕のこれまでの生涯は、民衆に奉仕するというより、民衆に寄生してきたのです。奉仕されるばかりで、自前の職業的労働すらしてこなかった。これは情けないことで、よく生きてこられたなとも思う。だからこそ、自己労働をいくばくかでもやり、本物の革命家になりたいと思うわけです」。

ミクシィの塩見さんの自己紹介にはこうある。

《本業は革命家。この4~5年、憑き物が落ちたように物事が、すっきり見えるようになり、複雑ないろんな人間関係を上手く捌けるようになりました。気さくな人間です。よろしく》

◇

塩見さんは2017年11月14日、心不全のため東京都小平市の病院で死去した。76歳だった。

大手マスコミに巣食う全共闘世代

「徒党を組むのが好きになれなかった。デモや集会に参加したことはありますが、観察に行ったような感じ。俗に言うノンポリでしたね」

早稲田大出身の元日本経済新聞記者で、日本経済研究センター主任研究員の大塚将司さん(57)。大学へは学生運動が下火になりつつあった1969年に入学し、「全共闘世代」の中ではやや下の世代にあたる。日経入社後は敏腕記者として活躍し95年には、東京三菱銀行の合併報道で新聞協会賞を受賞するなど輝かしい経歴を残した。

ただ、学生時代は同年代の闘士たちの行動を冷ややかに見ていたにもかかわらず、記者時代は、日経の子会社で起きた不正経理問題で自社トップの責任を追及したことがきっかけで懲戒解雇(後に復職)された。

その行動は、大学当局の不正に迫った全共闘運動のイメージとも重なるが、経営陣と対峙する大塚さんを抑えようとしたのは、皮肉にも社内の全共闘世代だったという。

「彼らは、僕に直接は何も言わなかった。立場もあるし、仕方がないとも思ったが、僕の行動に共鳴してくれた若い世代に陰でこっそりと圧力をかけていたのはショックだった」

大塚さんも新人時代は、同僚でもある社内の全共闘世代とつきあうことが多かったが、酒席での話題はもっぱら全共闘の思い出話だったという。

ノンポリ出身者をさげすみ、自分たちがいかに社会変革を考えていたのかを強調し、機動隊との衝突などを喜々として話す。一方で、日経という資本主義の最前線を行く会社に自らが身を置いた理由については、口をつぐむものが多かった。

大塚さんは、本書について「全共闘世代を読み解くためには、1%のリーダーたちの話を聞いても本質は見えてこない」とした上で、こう指摘した。

「むしろ話を聞くべきは、リーダーではなかった99%の声ではないか。ただ、彼らは今や企業や社会の中枢にどっぷりと沈み、決して表に出てこなくなった」

マルクーゼの思想

「全共闘世代」と一口にいってもそこには多様な人生があり、ひとくくりに扱うのは乱暴かもしれない。だが、その後も活動家などとしてブレなかった一部を除くと、数十万人ともいわれる全共闘学生の多くは、サラリーマンに「転向」したという言い方もできるだろう。

70年代前半のオイルショックまで就職戦線は完全に売り手市場だった。一部のリーダーを除けば、多少の活動歴はあっても商社や流通業などは青田買いで早々と内定を出し、就職試験が比較的遅かったマスコミや公務員にも多くの闘士たちが駆け込み的に集まった。

ただ、ヘルメットを捨て、髪を切り、紺のスーツに着替えて「資本主義の先兵」となることに、彼らはどう理屈づけをしたのだろうか。

その一つの答えとして大塚さんは当時、学生たちの支持を集めたドイツ出身の哲学者、ヘルベルト・マルクーゼの思想をあげた。

「体制の外側からの革命ではなく、体制の中に身を置いて理想を実現せよ」と説く考え方である。ただ、この思想は、表面上は組織に従いながらも「その日」に備えるという高等戦術である一方、ダブルスタンダードを簡単に認めてしまうという諸刃の剣でもある。

大塚さんは「この論理が就職への抵抗感を薄めたことは確かだ。そして彼らは実際に体制に溶け込んだが、その後、彼らが自身の思想を体現すべく動き出した気配はない。実は体現すべき自己がそもそもなかったのではないだろうか」と疑問を呈する。

過去を振り返れない世代

「理屈っぽい」「徒党を組む」「押しつけがましい」……。

全共闘世代にはそうした有り難くないレッテルが張られることもある。同じ早大で学生運動にかかわった作家の三田誠広さん(60)は「当時は運動に参加するにせよ、ノンポリでいるにせよ、自分の立場を理論武装せねばならず、必然的に理屈っぽくならざるをえなかった」とした上で、次のように述べる。

「理論や理屈が合う者同士が寄り集まることで、組織に対する帰属意識がより強くなったという側面もある。学生時代にセクトに忠誠を誓っていた人たちにとって、就職はセクトが会社になっただけのことでしょう」

全共闘世代が会社組織に入ったのは70年代前半。下積み期の20代は、日本社会が経済大国へと成長した時期で、仕事に脂がのり始めた30代後半はバブル経済の絶頂期にあった。ただ40代以降、社会は一変し、バブル崩壊に伴う不況とその後の長期デフレにあえいだ。

「失われた10年」と呼ばれるこの期間は、彼らが社会を中軸として背負った時期にもあたる。

大塚さんは「結局、私も含めた全共闘世代は理屈をこね回していただけで、上の世代の敷いたレールを忠実に歩いてきたにすぎなかった。政治も経済も行き詰まる中で、新たな日本型システムを提示することもできなかった」と述べ、その最大の理由について「過去の総括を意図的に避けてきた」ことを挙げる。

「つまり、過去を振り返れない世代になってしまったのです。それをすれば、若かりし日の全共闘運動に行き着いてしまう。逆に言うと、40年前の過去の自分と今の自分との整合性がとれないのだから、昨日の自分とも、10年前の自分とも整合性をとらなくていいことになる。過去に対するこだわりを持てないから、場当たり的な発想しか出てこない。筋の通った発想など出てくるはずもない」

失われた10年以降も、わが国の政治や経済は閉塞感を漂わせている。

いまだ社会の中枢で群れをなす「隣の全共闘」たちは、この同世代からの手厳しい批判をどう受け止めるだろうか。

第2章　バリケードの外から

機動隊員が見た許せぬ光景

行く手を阻んだのは、机やロッカーを積み上げたバリケードだけではなかった。狭い階段は炎と黒煙に包まれ、頭上からは学生たちが放り投げる火炎瓶や頭大の石、さらにはガソリンや塩酸までが降ってきた。

1969年10月4日、大阪市住吉区の大阪市立大学。1月の東大安田講堂攻防戦から約9カ月。各地に広がった全共闘と呼ばれる学生たちの反乱はとどまるところを知らず、この日朝、全国の公立大で唯一「紛争重症校」と呼ばれた市大当局からも、大阪府警本部に機動隊の突入が要請された。

「あいつらと僕らはほとんど同じ世代。こちら側にすれば、親のすねをかじって好き放題しやがってという思いは、確かにあった」

大阪市大の時計塔に突入する機動隊員たち。彼らの多くもまた、20代の若者だった（1969年10月）

この日、最前線でバリケードに突入した元府警機動隊員の宮崎二郎さん（66）＝仮名＝は振り返る。当時20代半ば。家庭の事情から大学進学をあきらめ、強豪の大阪府警ラグビー部に入りたいと、故郷を離れて警察官になった。ともに突入した同僚も、ほとんどが学生たちと同じ20代だった。

大半のバリケードは午前中のうちに撤去されたものの、最後に残った本館時計塔の上の「トリデ小屋」への突入は難を極めた。地上28メートル。机やイスを排除しながら塔内部の狭い階段を上るも、頭上からありとあらゆるものが降ってくる。

「殺す気か」「死ぬかもしれんな」……。

まさかのためにと、新しい下着を身に

つけて隊列に加わった宮崎さんは何度もつぶやいた。この日だけで機動隊のけが人は13人。塩酸で顔にやけどを負った隊員もいた。ようやく最上階まで登りつめたころ、辺りはすでに暗くなっていた。

ようやく追い詰めた〝無法者たち〟。彼らはヘルメットをかぶり、ひとかたまりになって静かに座っていた。そのとき、宮崎さんが思わず投げかけたのは、自分でも信じられない言葉だった。

「大丈夫か。けがはないか」……。

もはや学生たちも抵抗はせず、「ご迷惑をおかけしました」と頭を下げた。

「不思議な光景だった。お互い顔をつきあわせたら、憎しみは意外にわいてこなかった。みな懸命に闘っていたのだろう。まるでラグビーのノーサイドのような心境だった」

昭和元禄の中で

戦後間もなく生まれたいわゆる団塊世代は約800万人。大学全入時代といわれる現在とは異なり、この世代が18歳になった60年代後半の大学進学率は15％ほどだった。「金の卵」として地方から集団就職した人や、高卒で社会に出た人が圧倒的に多く、大学進学できる家庭環境は「裕福さ」の証左でもあった。

一方で、当時の日本は高度成長期の真っただ中にあり、68年にはGNP（国民総生産）が初めて世界第2位となった。プロ野球巨人軍がV9へ猛進し、後楽園や甲子園球場は満員。旅行やゴルフもブームになり、多くの人々は「昭和元禄」の時代を謳歌していた。そうした中でバリケードにこもった学生たちは、周囲からどのような視線を向けられていたのか。

全共闘から「敵」と見なされていた機動隊では、投石などで死傷した隊員も少なくなかった。ある機動隊OBは「結局は、社会を知らないお坊ちゃまたちの闘争だった」と嫌悪感をあらわにする。同世代の「労働者」からみれば、全共闘運動は「恵まれた連中のお遊び」に映っていたかもしれない。

一方、別の元機動隊員は「『授業料値上げ反対』『大学の組織改革』なんていう言葉は自分も同調できた」とし、さらにこう述べた。

「当初は世間も学生に好意的で、われわれが市民から罵声を浴びせられることもあった。ただ、運動が過激になるにつれ、彼らの味方は少なくなっていった。『大学改革』を叫ぶ者たちがなぜ、一足飛びに『世界革命』などと言い出すのか。その違和感は市民も感じ取っていたと思う」

「あちら側」

大阪市大では5人の学生が逮捕され、約8カ月に及んだバリケード封鎖は解除された。その後も大学当局は8日間にわたって機動隊の駐留を要請、学生の学内立ち入りが禁止になる異例の事態となった。当時大学側が市議会で明らかにしたところによると、一連の騒動による建物や備品などの損害は約1億5000万円。ラーメン1杯50円の時代を考えるとダメージは相当な規模だったといえる。

学生たちに一定の〝理解〟を示した宮崎さんですら、いまだ許せない光景があるという。バリケード内の片隅で、図書館の本を燃やした形跡を見つけたときだ。季節は秋。夜は冷え込み、籠城生活もつらかったのかもしれないが、学生たちが本を燃やして暖を取ったことに無性に腹が立った。

「われわれだって社会に不満がなかったわけではない。ただ、この社会には勉強したくてもできないやつだってたくさんいたんや。寒さぐらい我慢できない連中が、何が闘争だ、何が革命だ。甘ったれるのもいいかげんにしろと怒鳴りつけたかった」

その後も、数多くのキャンパスで同世代と対峙した宮崎さん。仮に警察官にならず、大学へ進学していたとしても、「自分が『あちら側』の人間になっていたかもしれないと思ったことは一度もない」という。

全共闘は当時、反抗には理由があるといった「造反有理」という言葉を好んで使った。彼らには彼らなりの闘争の論理があるという理屈からだ。だが、その主張は世代や思想が異なる人たちにどこまで響いていたのか。

第2章では、バリケードの外から学生を見つめた人たちに焦点をあてる。

佐々淳行を感動させたアジ演説

「逮捕された全共闘メンバーの中には国会議員の息子さんや娘さん、警察の最高幹部の親戚なんて子もいた。特別扱いはしなかったが、親御さんはずいぶんお困りだったと思いますよ」

元内閣安全保障室長の佐々淳行さん（77）は学生運動の収拾に最前線であたった警察幹部の一人だ。1969年1月、警視庁警備1課長として38歳で安田講堂事件の攻防戦を指揮。72年の連合赤軍によるあさま山荘事件も担当するなど、警察側から見たう。

歴史の証言者である。

意外にも思えるが、警察幹部らは当初、学生たちの行動に理解を示していたという。

「反抗する学生さんにも言い分があるのではないか」

会議でそういった意見が出るほど、当時の大学の腐敗ははた目から見ても深刻だった。まさに「象牙の塔」という言葉がぴったりで、官尊民卑や権威主義、官僚主義は当たり前。医学部教授は大名行列のように助教授や助手らをひきつれて回診し、無給助手が怒るのも無理はなかった。「アリストテレス以降は専門外でわかりません」と開きなおる政治学者もいた。

68年春、日本大学の使途不明金問題が明らかになり、佐々さんもあきれかえる「事件」が起きた。不明金の捜査に絡む家宅捜索で、日大本部のロッカーから2億円もの札束が見つかったのだ。ある教授の個人資産で、事情を聴くと学生に1点1万円で点数を売っていたと告白した。及第点に3点足りないと3万円。裏口入学の相場は800万円。そんな仕組みがまかり通っていたという。

佐々さんは「2億円なんて札束は初めて見た。洋服のロッカーがいっぱいになるぐらいだった。私だって義憤を感じた」と話し、今だからこそ話せる当時の正直な心境を吐露した。

「日大でね、秋田明大（日大全共闘議長）の演説に心を打たれてね……。言っているとおりだったんだよ。彼らの怒りは当たり前だったんだよ」

疑似戦争体験

30（昭和5）年生まれで、全共闘世代とは一回り以上違う佐々さんは54年に東大法学部卒業後、現在の警察庁に入庁した。学生時代、キャンパスはすでに50年の朝鮮戦争を境に「左翼闘士」らが跋扈《ばっこ》していたが、佐々さん自身が運動に入ることはなかった。

「国民の税金で勉強させてもらいながら何を偉そうに」という思いがあったからだ。

一方で、年の離れた弟のような全共闘学生に対しては一定の理解を示しつつも、「文明批評的にみると、昭和ヒトケタ生まれの自分たちと昭和20年代生まれの彼らの間には、埋めがたい世代間の亀裂があった」とも指摘する。

「戦前、戦中、戦後を死にものぐるいで生き残ったわれわれと比べ、彼らは、ものの心ついたときには経済復興が済み、自由と平和が保障されていた。仮にすべての人間の深層心理に闘争本能というものが潜んでいるとするならば、彼らの行動は疑似戦争体験のようにも思えた」

激しい攻防となった安田講堂事件にしても、佐々さんによれば、逮捕された計633人の学生のうち東大生はわずか38人で、全体のわずか6％。残りは他大学から駆けつけた「外人部隊」だった。東大全共闘のメンバーの多くは「勢力温存」を理由に学外に逃げ出していたという。

こうした見方をめぐっては全共闘OB側から反論もあるが、佐々さんは「まるで敵前逃亡だと思った。当事者でありながら、いざとなると日和る要領のよさと精神的なひ弱さも彼らの世代の特徴だ」と話し、次のように述べた。

「闘っている全共闘には理ありと感じていたが、問題はその後現在に至るまでの総括です。沈黙している人はまだ良いが、自分のことを棚にあげて『いまどきの若者は』なんて言うのは許せない。誰がどうだったと明らかにするつもりはないが、何も総括していないのに、いっちょ前のことを言うなと思うんです」

頼りないお父さん

佐々さんは、紛争を通じて逮捕したり動向調査をしたりした闘士たちが、その後、保守政治家や評論家などに転身した姿をテレビなどで見かけることがある。警察庁を含む中央官僚や著名な経済人にも全共闘出身者がいるという。彼らに対し、佐々さんは「早く引退しろ」と手厳しい。

「総括もできないようでは、リーダーシップもとれない。早く次の世代にバトンタッチすべきだ。若い世代もとっくに見抜いていると思う」

そして、07年の東京都知事選を例に出し、昭和ヒトケタ世代の石原慎太郎都知事＝1932（昭和7）年生まれ＝と対抗馬だった全共闘世代の浅野史郎元宮城県知事＝1948（昭和23）年生まれ＝を両世代の代表と見立て、2人の勝敗を分けた要因を「若者の支持」と分析した。

「若い世代の全共闘世代への不信感が選挙結果にあらわれた。総括できない頼りないお父さんではなく、いざというときに頼れるおじいちゃんを選んだということだと思うのです」

こうした「世代論」には反論もあるだろう。

ただ、一時はアジ演説に「心を打たれた」とまで言った元警察官僚が、いまなお厳しい視線を彼らに送るのは、紛争を通じて部下を亡くしたからでもある。それは、警察全体が警備態勢を大きく方針転換させるきっかけにもなった。

事件は68年秋、因縁の日本大学で起きた。

機動隊員にも妻子がいる

「正視に堪えない…」

68年10月2日、東京都港区の青山葬儀所。当時、警視庁外事1課長だった佐々さんは、喪章をつけたまま、うつむくしかなかった。

ひつぎの近くには6歳と4歳になる2人の遺児が、事態をのみ込めずに無邪気な表情で座り、その横で31歳の夫人が嗚咽していた。

夫は警視庁第5機動隊分隊長、西条秀雄巡査部長＝当時（34）。前月の9月4日未明、日本大学経済学部本館のバリケード封鎖解除に出動し、校舎4階付近から落とされた人頭大のコンクリート塊が頭を直撃、頭蓋骨骨折で意識不明のまま25日後に死亡した。

大学紛争による警察官の殉職は初めてだった。

コンクリートの重さは約16キロ。かぶっていたヘルメットが真っ二つに割れるほどの威力だったという。

「あんなもの落とされたら死ぬに決まってるだろう」

「機動隊員だって妻子がいるんだぞ」

日大経済学部のバリケード封鎖解除に向かう機動隊。コンクリート塊が直撃し、西条巡査部長が死亡した（1968年9月）

怒りに震える参列者たち。2階級特進で警部となった西条さんの遺影を前に、警視庁幹部らは警備態勢を大転換する方針を固めた。「身内意識」の強い警察にとって、事件はそれほどの衝撃だった。

当時の公安1課長、村上健警視正はその日の記者会見で憤りをあらわにした。「警視庁はこれまで学生側にも言い分があると思っていたが、もうこれからは手加減しない」

同年11月から警備1課長に就任した佐々さんは「この一件で警察は態度を変えた」と振り返りつつも、「それでも警察の役目は相手を生かして逮捕して裁判にかけることにある。死者を出さない警備をせねばならず、結果的にわれわれの側が大きな被害を受けることになった」と話す。

その後も69年4月に岡山大で26歳の巡査が側頭部に投石を受けて死亡するなど、学生対機動隊の衝突は激化する一方だった。警察側の負傷者のなかには、失明した人や生涯残るほどの障害を身体に受けた人もいた。当時の機動隊員たちにとって、「死」は身近な存在になっていた。

催涙ガスの大量使用

「なぜ暴力学生を徹底的に取り締まらないのか」「手ぬるいのではないか」

警察には市民からのそうした意見が相次いだという。一方で、この時代の大学進学率はまだ十数%。キャンパスで暴れる彼らには、次代を担う「エリート」という側面もあった。

ある警察OBは「当時はまだ彼らを『学生さん』と呼び、『将来を考えてやれ』と力説する幹部もいた。全員を一網打尽に逮捕してしまえば10年後、20年後の日本はどうなるのかという危惧もあった」。

実際、デモ隊が機動隊を一時的に押し込む場面はあったものの、双方の力の差は歴然としていた。当初警察は、集まった学生たちを逮捕して拘束するのではなく、「その場から解散させること」に重きをおいていたという。衝突して混乱すれば、多数のけが人が出るという配慮からだった。

だが、西条さんの殉職以降は、警察の強大な力で学生を押さえ込む作戦へと変わった。例えば、50人規模の集会さえ、事前に情報を収集して、その10倍以上の機動隊を投入し、暴れるまもなく押さえ込む。違法行為があれば容赦なく現行犯逮捕する。

それでも攻撃の手をゆるめない学生に対しては、催涙ガス弾の大量使用を許可した。中には「やりすぎではないか」という批判もあったが、佐々さんは当時、「近接戦で血をみるより、催涙ガスで涙をみるほうがましだ」と、その使用を強く訴えたという。

「本当は学生よりも警察のほうが圧倒的に強い。殴り合ったら絶対におれたちが勝つ。温情といったらなんだけど、催涙ガスはむしろ、学生の命を守るためという意味もあった」

陛下のお言葉

以降、機動隊と学生の「力関係」は大きく変わった。

68年には学生の逮捕者約5000人に対し、機動隊の負傷者が約4000人もいた

機動隊の放水を受ける安田講堂。佐々さんが指揮を執っていた（1969年1月）

が、翌69年には逮捕者が約９０００人と倍近くに増えた半面、機動隊の負傷者は約２２００人に半減したという。

佐々さんが前線で指揮した69年１月の安田講堂の攻防戦でも催涙ガスは大量に使用された。事態の収拾からしばらくして、天皇陛下へのご説明に参内した当時の秦野章警視総監は、陛下から最初に「死者は出たか」とご質問を受けた。

「学生、機動隊の双方に死者はございません」と答えると、陛下は「それは何よりであった」。

秦野総監はこの話を、「まるで兄弟げんかをたしなめるようなおっしゃり方だったよ」と佐々さんに伝えたという。

佐々さんは言う。

「われわれは陛下から最高のおほめをいただいた。それは部下たちにもしっかりと伝えた。やはり、われわれはプロなんです。隊員の命だけでなく、学生たちの命も預かっていることを忘れてはならないとあらためて思った。彼らにも親や兄弟、恋人がいるんですから……」

ただ、そうした大人たちの思いとは裏腹に、大学紛争はその後、「内ゲバ」という殺し合いに発展し、あさま山荘事件を起こした連合赤軍は「総括」の名のもと、次々と仲間を殺害した。

一方、西条さんの死をめぐる裁判では、日大生ら6被告が傷害致死などの罪に問われたが、「現場にいたとの証明がない」として全員の無罪が確定。真相はいまだ明らかになっていない。

西部邁のけじめのつけ方

「どの時代でも青年が暴れると、それを見た少年は『抵抗の正義』を感じ取って興奮する。僕からみると全共闘世代はちょうど弟のような世代。僕らが彼らの反体制気分を扇動したと考えると、悪いことをしたかもしれない」

1960年代後半の全共闘運動より10年ほど前に起きた全学連運動。そのリーダーとして東大在学中に教養学部自治会委員長を務め、60年安保を闘った西部邁さん(69)。現在では保守論客として知られるが、当時は「左翼活動家」だった。その西部さんも中高生時代は、日本共産党の一部など一世代上の若者たちが行った武装闘争に刺激を受けたという。

小学1年生で終戦を迎えた西部さんは戦後教育の「一期生」でもあったが、民主主義やヒューマニズムといった教えを、幼心にも「きれい事だ」と感じていた。敗戦を境に、まるで手のひらを返したように思想を変え、戦勝国の米国になびく大人たちの姿が信用できなかったからだ。

「勝者への屈従の姿勢ですよ。その化けの皮をひっぺがしてやりたいという衝動があった。だからこそ、反権力行動に刺激を受けたのでしょう」

西部さんが東大に入学したのは58年。自ら自治会室のドアをたたき、全学連に飛び込んだ。全学連中央執行委員、都学連副委員長として活動する中で逮捕、起訴され、7年近い法廷闘争も繰り広げた。

「ぼくはマルクスなんて何一つ勉強しないでやっていた。もちろん、斜め読みぐらいはしましたよ。でも、本格的に読んだのは、逮捕されたあとの拘置所の中です。そこで資本論を読んでみて、改めてくだらないなと思ったんですよ」

スーパーエリート

西部さんの学生時代の大学進学率は8％程度。全共闘時代の15％からみても半分であり、大学進学者がより一層限られた時代だった。全共闘運動にもエリート層の反乱という側面はあったが、全学連運動は、それに輪をかけた「スーパーエリート」たちが起こした行動だったともいえる。

全学連には、後に中曽根康弘内閣のブレーンとなる香山健一元学習院大教授（故人）や経済学者の青木昌彦スタンフォード大名誉教授（2015年、77歳で死去）らもいた。西部さんを含め後に保守派に転じた人も少なくないが、全共闘世代に比べて、過去についてあけすけに語る人が多い。それは、スーパーエリートとして、一つの時代に対する責任を持っているからなのか。あるいは、自らの総括がきちんとできているからなのか。

マルクスについて「くだらない」と述べた西部さんは後者に近い。拘置所から出た西部さんはメンバーの前で、わざわざ「学生運動をやめる。戦線逃亡する」と宣言した。怒った仲間もいたが、「これから何をするんだ」と問われると、「勉強するよ」とだけ答え、その場を去ったという。

西部さんは当時の心境について「最前線でやった僕が法律的に裁判にかけられるということで、すでに帳尻は合っていた。だからやめた」と話し、その真意をこう述べた。

「例えば全共闘では、仲間が半身不随になったり、逮捕されて人生がめちゃくちゃになるようなことがあった。もし、自分が運動に引き入れた仲間がそのような立場になったら、僕は逆に運動を続けざるをえなくなっていたと思う。幸い僕が逮捕されたことで、組織も弱体化し、すべてが終わった。後はもう、自分の裁判の心配だけをしていればよかった」

「典型的な大衆」

西部さんら全学連の象徴的な行動として語られるのが60年6月15日の安保反対をめぐる国会構内への突入だ。

デモ隊と警官隊がもみあいになる中で、東大文学部3年生の樺美智子さん＝当時(22)＝が死亡、その名前は安保のヒロインとして刻まれる。西部さんより1つ年上だった彼女は、西部さんが東大入学後に初めて参加したデモで、共産主義の歴史などを語ってくれた女性でもあった。

樺さんが亡くなった日の統一行動には、全国各地で労働者らを含む約580万人が参加し、約11万人もが国会への請願デモを行ったという。それは、全共闘が学生中心の闘争だったのに対し、全学連が市民への広がりを持つ運動だったことを示す一つの数字でもある。

全共闘の高揚期、大学院生として研究生活に入っていた西部さんは「すでに好意も反発もなかった。やじ馬としては、どんどんやれという感じで見ていた」と話すが、全共闘世代そのものについては批判的だ。

「彼らは団塊の世代といわれるが、僕は風がふけばすぐ形が変わる『砂山世代』だと思っている。革命を叫んでおきながら、エコノミックアニマルになったり、市民運動

国会に突入する全学連のデモ隊。東大生の樺美智子さん（左上）が死亡した（1960年6月）

家になったり。雰囲気にあわせて姿かたちを変える世代だと思う。つまり典型的な『マス（大衆）』なんですよ」

一時はテレビの討論番組などに出演することが多かった西部さん。ある番組で、司会者から「樺さんは西部さんの恋人だったそうです」と冷やかされたことがある。西部さんは生放送中にもかかわらず激怒してその場を退席し、スタジオは騒然となった。

「もし、番組を樺さんのご遺族やその関係者が見ていたらどんな気分になるか。いたたまれなくなってああいう行動にでるしかなかったのです」

それもまた、西部さんなりの一つのけじめのつけ方だった。

西部さんは2018年1月21日、東京・多摩川河川敷で自殺した。その後、自殺を手助けしたとして、テレビ番組のプロデューサーと西部さんが主宰していた私塾の塾頭が逮捕、起訴された。その亡くなり方も衝撃を与えた。

◇

宮崎学が民青を選んだ理由

グリコ・森永事件の重要参考人「キツネ目の男」に警察当局から疑われて注目された作家の宮崎学さん（62）は早稲田大時代の1960年代後半、全共闘のような「新左翼」ではなく、「旧左翼」の側から大学紛争にかかわっていた。日本共産党（日共）の学生組織「民主青年同盟（民青）」の秘密ゲバルト部隊「あかつき行動隊」。当時、日共は武装闘争路線を放棄していたが、「新左翼の暴力には暴力で対抗しなければ党勢に影響する」との正当防衛を理由に結成された。

突然現れたゲバルト部隊に驚いた全共闘が、当時日共の機関誌などを印刷していた「あかつき印刷」の労働者集団と勘違いしたのが名の由来だという。宮崎さんは、その隊長だった。

「ヤクザの世界と一緒やな。全く別組織との抗争は簡単に手打ちできるが、同じ組の中での内部抗争はたちが悪い。左翼も新左翼も根っこの部分では同じであり、だからこそ近親憎悪の感情から対立が深まっていった」

初めて行動隊に動員がかかったのは68年9月、全学封鎖が進む東大だった。バリケードを築いて「大学解体」を主張する東大全共闘を排除するためだ。「非暴力で民主的な大学」を目指したはずの民青も安田講堂事件までの5カ月間、全共闘学生たちと同様にゲバ棒を振り回した。当時、民青の中にも「暴力」に飢えていた学生が多かったという。

宮崎さんは「日共は選挙の票がほしいがために『あれやっちゃいかん』『これもあかん』という制約が多すぎた。一方で僕らがなんぼデモで人集めても、赤旗の集金を多く集めた人のほうが評価される。ものすごく官僚的な組織だった」

ただ、官僚的であったがゆえに、行動隊は数千人規模の全共闘相手に200～500人で対峙し、練られた闘争計画と結束力で圧倒することもあった。

「怖くなかった」

京都の暴力団組長の息子として育った宮崎さんを学生運動に導いたのは高校時代の家庭教師だった。左翼思想を押しつけるわけではなく、「教科書なんか読まなくていい」と、フランス革命をテーマにした岩波新書を勧めた。当時の彼の言葉を宮崎さんは今でも覚えている。

「革命はいつの時代にも起こる。人間は革命のときに自分はどこに身を置くか、必ず問われる。そのときに悔いのないようにしろ」

多くの学生が全共闘に流れる中で民青に入ったのも、この家庭教師の影響が大きかった。

「日共の戦前戦後の歴史を知れば、彼らのほうが相当過激な運動をやっていたことがわかる。当時は逆に全共闘が時代遅れのような気がした。まるでファッションのようだと冷めた目で見ていた」

幼少期から地域の不良グループと〝抗争〟を繰り返していたという宮崎さん。全共闘との対立でも「危ない局面は何度かあったが、子供のころのケンカのほうが怖かった。ナイフ持ったヤツがごろごろしていたからな。全共闘は無謀な日本軍のインパー

東大構内で角材を手にもみあう全共闘系学生（左側）と民青系の学生ら。
宮崎学さんは民青系だった（1968年11月）

ル作戦みたいに突っ込んでくるだけで怖くはなかった」。

ただ、日共中央は「正当防衛」以上の暴力は決して認めず69年3月、早大の卒業式を妨害した民青の一部学生が相次いで党籍を除名された。宮崎さんはその中に含まれていなかったが、「あほらしくなって」党から離れていった。

小泉の「革命」

作家として世に出るまでは週刊誌のフリー記者や実家の解体業などを続けてきた宮崎さん。サラリーマン経験が一度もないのは、多くの全共闘学生が、何の後ろめたさも持たずに一流企業に就職していった変わり身の早さへのアンチテーゼでもあったという。

宮崎さんは「運動の根底には、個人の解放はもちろん、大学や国家、日共も含めた官僚主義に対する反発があったはずだ。学生時代のパワーを別の方向に爆発させれば、もう少しましな世の中になっていたと思う。僕は、彼らがやったことは無責任に暴れただけの『壮大なゼロ』だったと今も思っている」。

一方で、自身も所属した日共の路線については「選挙で革命するというのはやはりぬるい思想だった。それは当時から思っていた」としながらも、数年前、その考え方を揺るがす出来事がおきたという。

「小泉純一郎さんの郵政選挙ですよ。郵政民営化とか規制緩和とか、シンボリックな旗を立てて、賛成しないものは排除する。そのやり方に国民が酔いしれて、ああいう結果になった。われわれなり、全共闘なりがやりたかったのは、あれに近いものだったのではないか。学生運動はその方法論をわかっていてできなかった。そして初老に近づいてから、まんまと自民党の小泉革命に一票を投じてしまった」

常に反権力的な発言で物議を醸すことが多い宮崎さん。ただ、「今の日本は『保守』の側から見てもおかしいのではないか」と話し、こう指摘した。

「かつて全共闘は新左翼としてこの国を左から壊そうとしたが、小泉政権以降は新保守たちが、右から壊そうとしている。町内会とか、青年団とか、地域から中間的な組織がどんどんなくなっている。かつての保守主義が持っていた懐の深さのようなものが、失われつつあるような気がする」

京大応援団長の青春

1969年1月の安田講堂事件を受けて、この年、東京大学の入試は中止になった。最難関は京都大学。東大志願者は浪人して再び東大を目指すか、進路を変えるか悩み、受験界を巻き込む大混乱になった。

その新入生たちが入学した4月、京大2年に進級した阿辻豊さん（59）はあぜんとした。後の京大応援団長である。

「やっと後輩ができる」

そう思っていたにもかかわらず、新入部員が一人も入らなかったためだ。

「反体制こそがすべて」という時代のムードもあり、体育会系で体制側のにおいがする応援団は敬遠されたのだろう。とはいえ、部員ゼロは部の存廃にかかわる重大事である。阿辻さんは新入生をつかまえては勧誘したが、無駄だった。

大阪府立北野高校から1浪後、京大法学部に入学した阿辻さんは、高校時代も応援団に入っており、熱心な誘いを受けて大学でも同じ道に進んだ。全共闘学生らと対峙することも多かったが、衝突ばかりでもなかったという。

「全共闘の連中と飲みに行き、応援歌やインターナショナルを一緒に歌ったこともある。僕は思想的には三島由紀夫が好きだったけど、議論のためにとマルクスや吉本隆明も懸命に読んだものです」

学生運動に加わらないのであれば、「なぜ自身はノンポリなのか」、応援団であるならば、「なぜ、自分は詰め襟を着て応援しているのか」を「理論武装」せねばならなかった時代。ただ、議論はみなうまくなったものの、応援団員そのものは減る一方だった。阿辻さんの入部当初は70人ほどいた大所帯も25人に減っていた。

大学の私兵

全共闘は、大学ごとに結成されていただけで、きちんとした組織機構があったわけでも、加入脱退の手続きがあるわけでもなかった。同じ京都にある立命館大で運動に参加していた男性（59）は「『オレは全共闘』と宣言すればメンバーになれるし、『やめた』といえば、それで終わりだった。集会に出たかと思えば、次の日は体育会で猛練習という学生もいた」といい、中心的な活動家はともかく、その境界はあいまいな部分もあったという。

阿辻さんも「みんな最初から考えて行動していたわけではなく、寮の先輩から『おい、やれよ』といわれ『オッス』みたいなことがきっかけだった。それは体育会でも学生運動でも一緒だったと思う」。

ただ、いったん道が分かれてしまえばそれぞれの対立はどうしても激しくなり、大学当局側についた体育会系学生と全共闘学生との争いが目立つ大学は多かった。日大全共闘のあるOBは「体育会の連中がバリケードに攻めてきて日本刀を振り回したこともあった。体育会や応援団は大学当局の私兵のようだった」と今もなお苦々しく語り、「彼らは活動費を大学に依存していたし、大学職員に体育会の先輩が多かったということもあった。体育会的なタテ社会の構造が大学機構の中にも貫かれていた」と振り返った。

役人になった元活動家たち

逆に「体育会的」な視点で彼らを見ていた阿辻さんには忘れられない出来事がある。

ゼミの指導教授だった国際政治学者の高坂正堯教授（故人）の研究室が破壊されたときのことだ。

学生たちは当時、沖縄国際海洋博のブレーンを務めていた高坂教授に「資本主義、大企業を喜ばせるにすぎない」などと主張して公開討論を要求、応じた教授は、時計台広場でマイクを持って討論に臨み、堂々と彼らを論破した。

ところが、その翌日、学生らはゲバ棒を手に研究室を襲撃、使い物にならなくなった部屋を見て、高坂教授は「卑怯千万」と悔しそうにつぶやいたという。

阿辻さんは「全共闘は議論することが大事としていたのではなかったのか。この一件はさすがに怒りに震えた」と話し、さらにこう続けた。

「彼らは当時、『既成の概念、既存の権威を破壊しないことには前に進めない』と繰り返していた。だが彼らが壊したのは、そんな大層なものだったのか。私はむしろ応援団長として、旧制三高や京大の寮歌のような身近な伝統を守りたかった」

その後も応援団員が増えることはなく、阿辻さんは内定していた大手都銀への就職

学生運動最盛期の京都大学。時計台が封鎖され、学生らが立てこもった

を取りやめ、あえて留年した。団の行く末が心配だったからだ。ＯＢらを訪ねて活動資金を調達し、部員勧誘に走り回った。やがて学生運動が下火になり始めると、何人かの後輩もできた。活動を軌道に乗せたところで卒業し、就職先に大阪市役所を選んだ。

庁内には、キャンパスでヘルメットをかぶって暴れていた元活動家たちが何人かいた。スーツを着込み、きまじめに稟議書を書き上げる役人たちの姿がそこにあった。ただ、08年春の退職を迎えるまで、あえて周囲に「あいつは昔……」といった話はしなかった。その理由について、阿辻さんは「彼ら自身も口をつぐんでいたから」と話し、次のように述べた。

「彼らは職場でも、飲み屋でも決して言わない。おそらく家族にも言っていない。一貫して黙っているのなら、それはひとつの生き方だと思っている。ただ、体育会的な生き方をしてきた僕からみれば、隠さなくてはならない人生というのは健康的じゃないような気もするんです」

◇

阿辻さんは大阪市役所を退職した後、市の外郭団体の理事長などを務めた。今は公職からは離れ「畑仕事をしたり、俳句を作ったりしています」ということだった。

新右翼と全共闘

「全共闘の連中には数え切れないほど殴られた。ただ、正直あこがれる部分もあった」

全共闘の先駆けともいわれる早大闘争がピークを迎えた1966年、後に新右翼団体「一水会」を創設する鈴木邦男さん(65)は政経学部の3年生だった。新左翼系の学生集会が数千人規模で行われるのを尻目に、わずか20人程度で細々と気勢を上げた新右翼グループを率いていた。

「左翼全盛の時代で右翼学生は1%もいなかった。議論の場はあったが、論破もされたし、暴力もふるわれた」

母親が信奉していた宗教団体「生長の家」の影響で、愛国心を大切にしたいという意識が強かったという鈴木さんは「そうでなければ、考えもせずに全共闘の側に加わっていたと思う。右翼か左翼かなんて最初の人間関係がきっかけになるものです」

税務署に勤める父親の転勤で、幼少期は東北地方を転々として過ごし「高校三年生」が大ヒットした63年、早大に入学。政経学部を卒業後、大学院を経て今度は教育学部に入った。都合8年の学生生活を送ったのは学生運動を続けるためだった。

〝弱小勢力〟の指導者として、全共闘運動の誕生から成長期を目の当たりにした鈴木さんは「バリケードの外から見ても本当に革命が起きるのではないかと思うほどの盛り上がりだった。それではたまらないと思った」とした上で、こう付け加えた。

「今や愛国心や憲法改正を語る人が多い世の中になった。だがみな安全圏で言っているに過ぎない。当時は本当に命がけだった」

三島由紀夫

安田講堂事件から4カ月後の69年5月13日。定員約５００人の東大教養学部９００番教室は、すし詰め状態だった。東大全共闘が主催する討論会にノーベル文学賞候補といわれた作家、三島由紀夫さんが登場したのだ。

右翼思想家としても知られていた三島さんを全共闘があえて講師に招いたのは「つるし上げて論破してやろう」という狙いがあったとされるが、三島さんは臆することなく敵陣に乗り込んだ。

激しいヤジが飛ぶ中、黒い半袖シャツを着た三島さんはほおを紅潮させながらやや早口で思想を語り、学生たちを圧倒した。そして「君たちが一言、天皇陛下と言ってくれたら、手をつながないでも良いのに」と訴え、討論をこう締めくくった。

「私は諸君の熱情だけは信じます」

当時、全共闘側から論戦を挑んだ一人で評論家の小阪修平さん（故人）は著書『思想としての全共闘世代』の中で、三島さんの勇気をたたえてこう述べている。

「たぶんぼくらは彼のなかに戦後民主主義的知識人や大学当局がもたない誠実さをみ

陸上自衛隊市ケ谷駐屯地に乱入し、バルコニーで演説する三島由紀夫さん（1970年11月）

ていたのだ」

三島さんが自衛隊市ケ谷駐屯地で壮絶な割腹自殺を遂げたのは翌70年11月。この年からサンケイ新聞（現産経新聞）の販売局で働いていた鈴木さんはあまりの衝撃に仕事が手につかなかったという。


「正直、学生時代は三島さんのことをたくさんの右翼思想家の一人ぐらいにしか思ってなかったが、あの事件を機に、本物だと思うようになった」

日本刀で切腹した三島さんは、私兵組織「楯の会」のメンバー、森田必勝さんの介錯を受け、森田さんもその場で腹を切って死亡した。

鈴木さんには、森田さんを学生時代にオルグして右翼の世界に引き込んだ因縁もあった。2人の行動に刺激を受けた鈴木さんは「仕事なんかしている場合じゃない」と退職して、一水会を立ち上げた。

「三島さんが1人で死んだのなら、ただの自殺。森田の存在があったからこそ、その行動が思想的な行為として意味を持った」

新左翼と〝共倒れ〟

鈴木さんは学生当時、討論やデモを通じて愛国心の強い右翼学生を増やし、「右翼版全共闘」をつくろうと思っていたという。両者の主張は全く正反対だが、その手法は新左翼的ともいえる。鈴木さんは「全共闘はある意味ぼくらの先生だったんです」。従来の右翼には、日章旗を掲げ、街宣車からけたたましい軍歌を鳴らすイメージもあった。鈴木さんの発想は斬新だと受け入れられ、一般右翼とは区別して「新右翼」と呼ばれるようになったが、全共闘が下火になるにつれて、「敵」を失った右翼学生も内輪もめをはじめて衰退し、結局共倒れのような形になってしまった。

今、鈴木さんは新左翼と新右翼の間で〝共闘関係〟が結べるのではないかという期待感を持っている。三島さんの天皇陛下をめぐる発言に代表されるように、共通点もあると感じているからだ。

そして、かつて新左翼学生らが、米軍の原子力空母の入港阻止闘争を繰り広げていた際、それを見つめていた一般市民が、こう語っていた姿が忘れられないという。

「学生たちが太平洋戦争でアメリカに立ち向かって敗れた日本兵とだぶってみえた」

鈴木さんは、今でもその言葉の意味を繰り返し考えている。

「あのとき日本を背負って闘ったのは、全共闘だったのかもしれない。つまり彼らが日本のナショナリズムを代行したのではないかと。右翼がしたかったことをやつらがやったとも思うんです」

僕たちの好きだった革命

機動隊との衝突で意識を失った学生運動の闘士が30年ぶりに突然目覚め、現代の高校2年生として復学する――。全共闘をモチーフにした小説『僕たちの好きだった革命』を描いた劇作家の鴻上尚史さん（50）は団塊世代よりも10歳ほど年下。最初に全共闘を意識したのは高校時代だった。

「実際に運動が盛んだったころは小学生で記憶もあいまいなんです。高校で学校側を批判する生徒に対して過剰反応する教師をみて、『これは学生運動の影響だな』と思ったのが、全共闘を考えるきっかけでした」

１９７０年代後半、愛媛の県立高校に通っていた鴻上さんは生徒会長だった。

「柄付き靴下はなぜ禁止か。そんな質問にすら教師たちはおびえ、怒っていた。田舎の高校だからたいした反乱もなかったのにね。若者たちにやりこめられた学園紛争時の記憶がよみがえったんでしょう」

時折組まれる雑誌の全共闘特集をむさぼり読むこともあったが、田舎の高校生が全盛期の雰囲気を感じ取れる資料は少なかった。早大に進学して演劇の世界に入ってからも、学生運動との直接のかかわりはなかったものの、大学当局が学生の反乱に強い警戒心を抱いているとは感じていたという。

「大隈講堂前で芝居のテントを張ろうとしただけで騒ぎになった。大学の管理がとにかく厳しくなっていた。大学生活という点では、祭りの後のボロボロの状態でしたよ」

全共闘は後の大学生世代からみれば、はた迷惑な存在であり、鴻上さんは「おいしいところだけもっていった彼らは、時代の熱狂と自分たちの青春が偶然にも一致した幸福かつ不幸な世代だったとも思うんです」。

シラケ世代

鴻上さんら全共闘よりもやや下は「シラケ世代」「新人類」とも呼ばれた。72年のあさま山荘事件をきっかけに学生運動は下火になり、政治的な活動よりも、一種の個人主義に徹した世代である。その背景には、学生運動への失望感と一つの時代が終わったという無力感もあったとされる。

同世代を代表する著名人には作家の村上龍さん（56）や元長野県知事の田中康夫さん（52）、コラムニストの泉麻人さん（52）らがいる。学生時代にあたる70年代はニューミュージックブームやブランド志向の芽生えもあり、若者の視線が政治よりもカルチャーへと移ったころでもあった。

当時のキャンパスに紛争の残り香はあったものの、結局はセクト間の内ゲバが繰り広げられただけだった。学生の間には「学生運動は人殺しとかかわりかねないもの」というイメージすらあったという。

鴻上さんは「僕らの世代が彼ら全共闘への嫌悪感が一番強いかもしれません」と話すが、最近は考え方が少し変わってきた。

鴻上尚史さん作の「僕たちの好きだった革命」。舞台版では、中村雅俊さんが元闘士の役を演じた（サードステージ提供）

「全共闘世代の人を年老いた両親を見つめるような気持ちになってきた。人の寿命が200年あれば『まだ許せない』と思うでしょうが、彼らも年齢的に死を考える時期を迎えている。『あなた方はこのまま死んでいいんですか』と思うようになってきた」

次世代に語ってほしい

鴻上さんはいま、全共闘をテーマにした作品を表現することで、彼らの世代にボールを投げているつもりだという。

「『実際はおまえが考えているようなもんじゃない』という批判でもいい。彼らから何か打ち返してほしい。もともとは純粋に学園の民主化や平和を願った良質な運動が、セクト防衛などを通して、なぜ相手を傷つける結果になったのかを次の世代に語ってほしいのです」

ただ、誰もが当時を語れるわけではない。運動全盛期に、本当に学生運動をしたと言える人は、同世代の中でもごく一部であり、鴻上さんは、その周囲の人たちは単にブームに乗っていただけだろうと分析する。

「今でいうと、インターネットのブログで起こる炎上に一緒に乗って騒ごうといったところかもしれない。彼らに聞いても本質は見えてこない」

では、当時の指導的立場だった人に聞くべきなのか。鴻上さんは「それも違う」という。

「例えば、戦争文学は一兵卒の語りがあることで初めて豊かになる。『あの作戦はこうすれば勝てた』なんて上官の話は聞きたくないでしょ」と話し、次のように述べた。

「前線ではいずり回った兵士が『戦地での空腹に耐えかね、遺体を食べようかと誘惑にかられた』と語るような声を聞くと、初めて戦争とは何かがわかる気がします。全共闘からはこうした生身の声が全く聞こえてこないんです」

彼らが学生運動に入り込んだきっかけは「カッコ良く見られたかった」という正直

な気持ちと「戦争は良くない」「大学をなんとかしたい」という純粋な正義感に集約されると、鴻上さんは思っている。ただ、「それらを正しい動機だと言えない環境ができてしまったのは、なぜなのか」とも話す。

そして、全共闘にこだわり続ける理由を「私たち現代人の今につながっているから」と述べた上で、こうしめくくった。

「先進国でこんなにビラがまきにくく、こんなに文句が言いにくい国もないでしょう。年金問題が起きても、大きなデモも起きない。信じられますか。あれだけ学生たちが立ち上がった時代があったのに、なぜこんな社会になったのか、それを知りたいのは当然だと思うんです」

とめてくれるなキャラメルママ

《とめてくれるなおっかさん　背中のいちょうが泣いている　男東大どこへ行く》

この有名なフレーズは、１９６８年秋に行われた東大教養学部の学園祭、駒場祭の

東大本郷キャンパスで、キャラメルを配って流血を避けるよう呼び掛ける母親ら（1968 年 11 月）

ポスターに記されたキャッチコピーだ。ポスターを製作したのは当時東大生だった作家の橋本治さん（60）だった。

東大闘争では、69年1月の安田講堂攻防戦がクローズアップされることが多いが、実際には前年の68年春から数カ月にわたって学生たちが大学を占拠した長期戦だった。駒場祭が行われた時期は、全共闘学生と民青系（日本共産党系）学生の関係が緊迫したころでもあった。双方が全国の大学から応援部隊を呼び寄せてゲバ棒などで武装準備し、当時の新聞は連日その様子を報道した。大がかりな衝突がいつ起こるか緊張が高まっていた。

これを知った東大生の「おっかさん」の中に立ち上がった人たちがいた。関西から上京した9人を含む約20人の母親で、68年11月21日、本郷キャンパスの東大正門前に並び、衝突を避けるよう呼びかけたのである。

そして「学生たちの気持ちを和らげよう」と用意した1500個のキャラメルを配り始めた。母親の一人は「学生同士が血を流すのを黙ってみてられない」と話したという。

「子供のけんか」に親が出てきた格好だが、それで事態がおさまるわけでもない。正門前には「どんなことがあっても友情が大事」などと書かれた母親たちの垂れ幕が並び、その向こうには「闘争貫徹」などと書かれた学生たちの立て看板が乱立していた。

着物姿のママたちの行動に、学生たちの視線は冷ややかだったが、奮闘する彼女らを追い出すこともなかった。

プロレタリアの前に母親

キャラメルママが登場したころはまだ「学生運動＝内ゲバ」のイメージはなく「学

生が社会問題を考えるのは当たり前」と肯定的な親もいた。68年冬に発売された当時の雑誌「現代の日本」には「娘を全学連に捧げて……」というタイトルで、全共闘学生の母親の手記が掲載され、その中にお茶の水女子大に通う娘を諭すくだりがある。《『学生運動への参加は反対しないが、男子学生のような、暴力的な行動参加には、親として反対する』。夫は抗議運動の意思表示は堂々としたデモだけで十分だから、学園の一部を占拠するような暴力行為はつつしまなければと説いた》

また、週刊誌「女性セブン」69年11月5日号には「この赤軍派女子学生とその母の10月21日」と題した特集で、親子のやりとりを紹介している。《23歳の赤軍派女子学生の娘に母は「あなたたちが、いくらゲバ棒ふるってみたって、革命なんか起こりっこないわよ」。娘は「お母さんだって、プロレタリアでしょ」と応えるが「あたしは、プロレタリアより前に、母親なのよ」と切り返す》

子供の行動に一定の理解を示しつつも、不安な気持ちで見守る親の様子がうかがえる。

60年代に高校教師をしていたという80代の女性は、教え子が次々と学生運動にのめり込んだのを覚えている。

「過激なことをしないかと心配したが、実際にのめり込んだのは、高校時代は勉強ができたおとなしい子たち。まじめ一辺倒に育てるのも善しあしだと思ったものです」

新聞に実家住所

もちろん、学生たちにも「できるなら親に心配はかけたくない」という思いはあった。関西の中堅私大に通っていた元全共闘の男性（63）は、逮捕されて新聞記事に掲載されたことがある。当時は知人宅を転々としており「住所不定」だったが、記事には本名とともに実家の住所が地番まで掲載された。

「名前まではと思っていたが、実家の住所は痛かった。親も学生運動するのは仕方がないと言っていたが、新聞沙汰になるとは思っておらず、相当ショックを受けていたようだ」

首都圏の私大の元全共闘の男性（60）は商店を経営していた父親から「学生時分はどれだけ好きなことをしても良いが、学校を出たら必ず家を継ぐこと」と口を酸っぱくして言われていた。

すんなりと親の後を継ぎたくないと思っていたが、「結局は親のコネで取引先に入社してその後、商店をついで2代目社長になった。好き放題してきただけに、私ができる親孝行は後を継ぐぐらいのもんだと思った」。

後に赤軍派に合流した大阪市内の男性（56）は当時高校生。親に黙ってデモに参加したのをきっかけにのめり込み、バリケードで寝起きしていた。時々、着替えを取りに実家に帰ると母親は心配そうだったが、「やめろ」とは言わず「何も矢面に立たなくても」と諭されたという。

母親はすでに亡くなったが、苦労をかけたとは思っている。実家近くに住んでいるためか、40年近くたった今でも、近所の人から「あのときは、お母さんにずいぶん心配かけて……」と言われることがあるという。

この母親と同様、明治・大正生まれの全共闘世代の親たちの多くは、すでに鬼籍に入った。激しい戦火をくぐりぬけてきたこの世代にとって、息子や娘たちの「闘争」は、いまわの際でどのように〝総括〟されたのだろうか。

あのころ私は不愉快だった

大阪市立大学の文学部教授会は１９６９年春、学部長を補佐する評議員に、教授になったばかりの歴史学者、直木孝次郎さん(89)＝現大阪市大名誉教授＝を選んだ。

当時50歳。新進気鋭の古代史研究者で、当時は「進歩的文化人」の一人としても数えられたが、評議員に選ばれたのは、「学生との対応は長期戦。若手が担当したほうがよい」という理由だった。

教授会に学生たちがなだれ込んだのは、その直後だった。

「教授会の予算を公開せよ」「傍聴を許可しろ」

騒ぎは深夜になっても収まらず、直木さんは、時計の針が評議員の任期が始まる4月1日午前0時にあわせ、前任教授に代わって交渉の席に着いた。

「殺気立つ学生たちをなだめるだけで精いっぱいだった。予算公開ぐらいは譲歩してもよいと思っていたが、とても話し合いをする雰囲気ではなかった」

その約10年前、助教授だった直木さんは第1次安保闘争で学生たちと手を取り合って反戦運動をした経験があった。若者たちへの理解は深いほうだと思っていただけにショックは大きかった。

6月には、学部長が体調を崩し、学部長代理として交渉の最前線に立った。当時は「大学の自治」を守るため、警察の力に頼りたくないと考える教授も多かったが、理学部の薬品倉庫から劇薬が持ち出されたことが発覚。「学外に示しがつかない」と、機動隊の導入に踏み切った。

封鎖が解かれ研究室に戻ると、室内は水浸しになっていた。その後、大阪市内の古本屋に「大阪市大図書館」と押印された書物が何冊も出回っていたのを知った。

「学生運動は堕落し、泥棒行為まであったのです」

進歩的な立場を取ってきた直木さんですら、事態の深刻さに嘆くしかなかった。

「学生を教育中」

大学教授にとっての学生運動は、対立ばかりでもなかった。直木さんのように当初は、反発を「理解できる」と思っていた人もおり、学生とともに行動をしたり、大学当局の姿勢に抗議して辞任したりする教授もいた。

学生たちの中にも、硬直化したアカデミズムにとらわれず、「学問とは何か」を問い直そうと考える者もいた。当時、各地の大学のバリケードの中では、自らカリキュラムを作り、講師を招くなどした「自主講座」も開かれた。

別の私立大学の元全共闘の男性は「大教室で毎年同じ内容の講義を聴くのではなく、自分たちで何を学ぶかを議論したことは新鮮だった」と振り返る。

気骨のある教授には学生たちも一目置いた。例えば、後に東大総長となった林健太郎文学部教授（故人）。68年11月、50代半ばで、大衆団交に８日間計１７３時間もつきあわされ、ドクターストップで病院搬送される騒ぎになった。

ただ、長時間にわたる軟禁状態にも妥協の姿勢を見せず、途中、警察を入れる救出作戦も検討されたが、「只今、学生を教育中」と書いたメモをさし出しただけだったという。

思い出の中で……

大学紛争時、名古屋大学助教授として、学生との団体交渉などの場に何度も立ち会った加地伸行立命館大学教授（72）は「一口に学生運動といってもいろいろある」と話し、当時の学生運動を３期に分けて振り返った。

60年代半ばの運動草創期は「学生と教授が学問はどうあるべきかと議論し、ある意味、健康的だった」。しかし、学生の要求がエスカレートすると第２期に入り、議論のテーマが学問のあり方から「大学運営への参加」「学生処分の撤回」といった手続き論に集中したという。

「要求を認めるか否かの二者択一の議論ばかりが増えた。学生も教授も小手先のへ理屈を言い合うしかなくなり、不毛の論争が続いた」

そして第3期。暴力が横行し、バリケード封鎖や内ゲバなど、やり方が先鋭的になった。加地教授は「あとになればなるほど、学生たちがえげつなくなった」と憤り、こう付け加えた。

「日本の学問は確かに専門分野に固執する『専門バカ』の面はあった。学生たちがそれを批判したのは正しかった。けれど、学生運動には、その後がなかったと思うのです」

今回のテーマ「バリケードの外から」では、全共闘学生たちと世代や思想、立場が異なる人たちの意見を紹介した。接触が濃厚だった人ほど、安直な批判を控え、むしろ学生たちに一定の評価をしたうえで、当時の乱暴な手法を批判する人が目立った。

一方で、当事者である全共闘世代からは「なぜ、われわれにばかり総括を求めるのか」「総括は世代単位でするものではない」などの意見も寄せられた。

確かにそうかもしれないが、自分たちの行動が問題提起だけで終わったことに忸怩たる思いはないのだろうか。「世代」ではなく、「個人」の立場でも総括したいという意識はないのだろうか。それとも、この世代は「大学を破壊した」「権力と闘った」という勇ましい思い出の〝バリケード〟の中に、いまだ閉じこもっているのだろうか。

学生運動が沈静化した数年後、大阪市大の直木さんは電車の中で、運動のリーダーだった学生の一人と鉢合わせしたことがある。

「先生、お久しぶりです。今は金融機関に勤めてます。あのころは愉快でしたね」

あっけらかんと語る元リーダーに対し、直木さんは「私は不愉快だったよ」と応じるしかなかったという。

下の世代に嫌われる全共闘世代

読者の声

全共闘世代はなぜ沈黙するのか。

その答えを模索したこの企画には、多くの読者の方からの反響があった。だが当事者にとっては触れられたくないテーマなのか、いただいた手紙やメールの多くは「全共闘以外」の世代からだった。「全共闘世代は、この連載を読まないだろう」とするエピソードにも触れたが、実際にそうだったのか。あるいは、当然のように黙り続けているだけなのか。逆に、群を抜いて多かったのは40代から50代前半の意見であり、一世代上の世代に対する予想以上の「反発」が目立った。

■理念が伝わってこない

《小学生時代の同級生の父親が無責任な過激派活動で重傷を負わされた》という大阪府内の会社員(43)の意見。

《彼らは、学校では教員、企業では上司の世代に当たるが、非常にわがままな集団にしか見えませんでした。彼らは「主義」は立派なのですが、結果を出すための具体的な行動は何もしていません》

《企業内では「右肩上がり」のときはご自慢の「アジ演説」で多くを語るのですが、バブルが弾けた後は「理屈をこねるだけ」「口先だけ」。彼らは労働組合の主要ポストも占めましたが、そのときの若年労働者は過酷な労働環境に置かれるだけでした》

会社を独立し、米国でIT企業の社長を務めているという男性(41)もこんなエピソードを寄せた。

《15年ほど前、当時の全共闘OBの上司は口癖のように「あと10年したら、全共闘世代がものを言い出す。そうしたら会社も日本も新しい時代が来る」と言っていた。だが、今、彼らが責任ある立場におさまっても、彼らから社会はこうあるべき

という理念が伝わってこない》

《いまだにあの運動に何か歴史的意味があったような、陶酔的な錯覚が覚めていないのならあきれたことです。40年たって多少なりとも成長したのであれば、どうか自分たちの無力を認め、その下の世代にバトンを渡してください》

むろん、いつの時代も、上の世代を疎ましく思う感覚はある。ただ、この世代は「上の世代に失望した」「彼らのおかげで、自分たちの世代が迷惑を被っている」という意識が非常に強いようだ。

■できればあの時代に

こうした世代に対し、全共闘運動を全く知らない大学生や若い世代からは批判的な意見も多かったが、中身は多様だった。

早稲田大学を卒業したばかりという男性（23）は《全共闘のときに学生運動が激化しすぎたため、政治運動をするものは不穏分子というネガティブイメージが定着し、社会が政治運動から疎遠になってしまった。若者からみると、社会をゆがめたのは彼らの世代と思えて仕方がない》

同じ早大2年の男子学生は《全共闘や学生運動の過ちや矛盾が見えてきた》とし

ながらも、《不満を社会にぶつけることができた彼らは、現代人と違う一面を持っているように感じた》

大阪府内の男性（23）は《もしできるのならあの60年代に生きたかったとさえ思う。あの熱、僕らで動かせるんだという熱は現代の私にも強く響いています。今の世間を騒がせている20代はその熱が何でもできる便利な時代によって、悪質なものへと変化しているのではないでしょうか》。

一方、就職氷河期世代で《ロスト・ジェネレーションど真ん中》という研究者の女性（32）は《彼らの雇用が保障されたから、その子供世代の雇用が失われたという意味のことをテレビで耳にしましたが全くその通りです》とし、こう訴えていた。《彼らの世代は内ゲバで人を傷つけ、あさま山荘で人を傷つけ、そして私たちの世代を今も傷つけています。私たちが普通に働く権利を奪っているのです》

また、《中卒などで社会に出た自身の同世代へ広がる運動になれば、あそこまで暴力的にならず、息の長い運動になっていたはず》とした四国の地方公務員（34）は次のようにも指摘していた。

《公務員として窓口にいて感じるのは、若い人ほど我々の言うことをよく聞き、年齢が高い人ほど引き下がらないということ。社会本来からいえば逆であるべきです。われわれの世代は「言うだけムダ、やるだけ損」と考えるのです》

■運動をしなければ

もちろん全共闘世代からの反響もあった。

元東大全共闘のメンバーだったという弁護士は《あのころは共産革命を信じない者はバカという雰囲気だった》とし、《いまになって考えてみれば東大生は自分で物事を考える能力がなかったと思います。受験勉強に明け暮れ、自分で物事を考える習性がなかったのだと思います。インテリなら共産主義を受け入れるべきだと提示されたら飛びついてしまったという感じです》。

さらに、《全共闘世代は今も共産革命の引きずりがある。独断ですが、大学紛争を生んだ大学の土壌はいまだ改善されていない。大学を頂点とした教育界、マスコミ、官僚などインテリが世の中を悪くしている。全共闘世代が各界のトップとなり悪影響を与えている。弁護士の世界も中心世代で大きな声をはりあげている。全共闘世代は大学紛争の意義をそれなりに見いだそうとしているが、なぜ「間違いだった」と素直に認められないのか自分でも腹が立つ》

熊本在住の団塊世代の女性（62）はあの時代をこう振り返った。《私自身は家庭の事情で進学はしませんでしたが、男女関係なく、会えば論争の時代でした。一人で街頭に立って反戦の署名活動をしたこともあります。初恋の同級生は地方の医学部に進学しましたが、学生運動の挫折から一時、行方不明になったこともあります。（中略）彼は28歳で理学療法士の専門学校に再入学しました。そのとき初めて結婚についても触れたのですが、結局、別れました。今私は62歳。独身のまま過ぎました。それなりに充実した日々を送っていますが、女一人でよくここまでやってこられたなとも思います》

最近、彼のことをよく思い出すという。

《学生運動にのめり込まなかったら、たぶん優れた医者になっていたでしょう。純粋な人だったから国境なき医師団のような活動に入っていたかもしれない。私もあの時代の青春の挫折をどこかに引きずっているのかもしれません》

■遠慮せず描いてほしい

《メディアが肝心なことを伝えてこなかった。団塊の世代と全共闘世代は違う》（52歳、男性）という意見もあった。連載では、この2つはイコールではないと述べてきた。

「団塊世代」はあくまで昭和20年代前半の第1次ベビーブーム世代に生まれた人た

ちであり、「全共闘世代」はその中で大学に進学し、将来のわが国を背負っていくべきだったわずか15％の「エリート」たちのことである。

男性は《多くのマスコミは双方をひとくくりにして大量退職やら技術の継承とやらをことさら危機的に訴え「2006年問題」などと強調し、全共闘世代の延命を図ってきた。今回の連載は、全共闘世代の功罪にきちんとスポットをあてた初めての試みだと思います》。

本書を読んだ「全共闘世代」の中には苦々しい思いをした人もいるかもしれない。ただ、寄せられた手紙にはこんな意見もあった。東京の私大を卒業した60歳の元闘士だ。

《私たちの世代はノスタルジックな形でしか語られず、なぜか、きちんと批判されたり、客観的に見られることが少なかった。私たちも少し上の戦争世代が語る武勇伝がうっとうしかったし、下の世代をふがいなく思ったこともあります。どうか私たちに遠慮せず、あの時代を客観的に描いてほしいです。そして世代によって見方も変わると思うので、よろしければ、何歳ぐらいの記者が担当しているのか教えてください》

取材を担当したのは大阪社会部の30～40歳の記者（「あとがき」参照）。全共闘世代からみると、子供世代にあたる団塊ジュニア世代だ。全共闘運動は生まれる前か、生まれたころの事柄で、年代差を考えると、ちょうど全共闘世代が戦時中の話を聞くような感覚だろう。

全共闘世代のジャーナリストが、ことさら戦時中の出来事を悪く書く傾向があるが、ともすれば、そこには少し上の世代、親の世代への反発があるのかもしれない。今回も、全共闘世代からみればやや下の世代の声に「全共闘批判」が集中しているのは、そうした世代間闘争の歴史が繰り返しているからなのか。

取材班も、「批判的な世代」に近いのかもしれないが、あえてそのことを明らかにしていることでご容赦願いたい。

第3章　全共闘を解剖する

東大　立花ゼミが追究する全共闘

２００８年11月23日、東京大学駒場キャンパスの学園祭で開かれたシンポジウム「今語られる東大、学生、全共闘」。定員３５０人の教室は立ち見が出るほどの盛況だったが、その８割近くは団塊の世代だった。ジャーナリストで東大特任教授の立花隆さん（68）のゼミ生らが企画したものだ。

壇上に上がったのは、最首悟さん（元東大助手共闘）ら３人の元闘士。最首さんは「若い諸君にはわからないと思うが、当時の教授は恐ろしい存在だった。その権威を壊したのが全共闘。大衆団交で、なぜ研究するのかという問いにきちんと答えられた教授はほとんどいなかった」。

別の元闘士は「今の状況なら学生運動はしてなかった」「壇上から何かを訴えるこ

東大駒場キャンパスの正門を封鎖し、ピケを張って全学封鎖する学生たち。当時の活動に現代の学生たちも興味を示している（1968年6月）

とは快感だった」と当時の心境を告白。現在は弁護士という元闘士は、今の学生について「シューカツという言葉があるが、大学が労働力を商品として自己形成するだけの場所になっている」と訴えた。

立花さんは69年1月の安田講堂陥落の現場に立ち会った一人でもある。文藝春秋を退社して東大哲学科に学士入学していたころで、「学生兼ジャーナリスト」の立場で報道腕章を着けて取材したという。

立花さんは「当時、運動に参加していた学生の中には、自分の知り合いもたくさんいたし、何よりあの現場ですべてを見ていた。しかも、学生としてではなく、プロの取材者として見ていたわけです。それでも東大闘争がそもそも何だったのか。あるいは、あの時代は何だったのか。当時は自分でもよく見えなかった。今もそうであり、今日のシンポジウムでもそれが見えているという立場でもありません」と話し、さらにこう付け加えた。

「近年のある時期までは、全共闘運動、あるいは68年の世界状況といいますか、そういう流れを全部馬鹿げたことと見る流れが、世界でも日本でも相当部分を占めていたと思うのですが、最近の金融大恐慌の流れの中で欧州では資本論を読む人がものすごく増えているという状況もあります。この先さらにどういう歴史的見直しが進行するのかよくわからない。歴史の新しい見直しがありうる時代に我々は来ているという印象はもっています」

61％が「評価」

「全共闘」のテーマを持ち出したのは立花さんではなく、ゼミ生たちだった。

企画メンバーの東大2年、関翔平さん（20）は「僕と同じキャンパスの学生たちが、当時、相当な人数で集まって世の中を変えようと訴えていた。そこに何があったのか。彼らが後に否定的に語られていることにも興味があった。自分たちと彼らが何でこんなに違うんだという思いもある。40年前になぜあの人たちはあれほどまでに熱く生き、学園紛争に巻き込まれていったのか。メンタリティー、心理の部分で疑問だった。そのようなことを今の学生の立場から率直にぶつけていこうと。そういう意図で企画し活動してきました」。

彼の父親は50代前半で全共闘世代よりも若い「シラケ世代」にあたる。当時のことはテレビの回顧映像でしか知らなかったという。

企画に参加した学生の一人は「いつもの教室とは全然違っていて、会場の雰囲気が面白かった」。別の学生は「学生運動をしたいとは思わないが、熱っぽいやりとりが何だか、うらやましかった」と話した。

世界的な不況も影響しているのか、近年、マルクス主義への関心の高まりや日本共産党の党員増などが話題になっている。

新潮社によると、小林多喜二の『蟹工船』（新潮文庫）は累計発行部数約160万冊のうち、08年に入ってからの増刷分が約50万冊にのぼる。東大でも『蟹工船』の読書会が開かれているという。

立花ゼミで現役東大生を対象にアンケートを行ったところ、学生運動当時の学生について「大変評価できる」「やや評価できる」とした学生は、意外にも半数以上となる61%を占めた。このうち40%が肯定的イメージを持った理由として「当時の社会の矛盾に意見を発したから」と回答したという。

関さんは「僕らの世代には、この断絶した社会の中でどこに熱情を注げばよいかわからないという思いもある。わからないけど、何かしたい。そういう気持ちはあるんです」と話した。

テレビ的ショーとしての闘い

シンポジウムには現在も学生運動をしているという法政大学の現役学生がゲストとして呼ばれていた。スーツにネクタイ姿の彼は「ちょっと言わせてもらいたい」とマイクを握り、壇上の元闘士らに向かって「あなたたちには今、行動者の視点がない」とかみついたが、返答はなかった。

一方で、終盤には日大全共闘の元闘士という初老の男性がアジテーションし、「全学連と全共闘、セクトの話をごちゃ混ぜにしないでほしい。この討論は全共闘の話になっていない」と発言。こちらについては、会場から「よしっ」「異議なし!」と往時をしのばせる喝采があがった。

イベントにあわせて作ってきたのか、会場には赤や白の模様が入ったヘルメットを抱えた元闘士もいた。参加者はみな心なしか興奮しているように見えた。シリーズでは「過去について沈黙する元闘士たち」について触れてきたが、実は彼らにも「積極的に語りたい」という衝動があるのではないか、そんな気さえした。

立花さんは分析する。

「安田講堂の攻防戦から40年。この時間は微妙です。どういうことかと言いますと、社会を揺るがすような大事件の当事者が本当にその内側を語るのには、ちょっと足りないなという時間なんですよね。しかも運動の中心を担ってすべてをかけた人、深刻な敗北を喫した人は、そのトラウマから抜け出すのに数十年はかかる。挫折感が大きいほどその時間は長い。恐らく病などになって老い先を考え始めたとき、初めて何かを語り始めるのではないでしょうか」

今改めて注目される「あの時代」。

ある人は「暴力集団だった」といい、別の人は「知性の反乱だった」という。「全共闘にかかわった人の数だけ、一人一人の全共闘があった」と語った人もいた。40年前に時代を席巻した全共闘とはどんな組織だったのか。

立花さんはこうも述べた。

「僕は、あの時代に運動者としてはまったく参加していませんけれども、全共闘運動の中、周辺、あるいはその延長線上に起きた過激な活動そのものはいろんな形で知っているという非常に独特な立場にあります。そういう人間として言うと、僕は日本の全共闘運動もそれ以降の過激派の運動もあまり評価していません。死者はかなり出したが、ほとんどが内ゲバ的殺し合いです。権力との対決で死ぬとか、パレスチナのように敵との戦闘で死ぬといったことはほとんどなかったといってよい。テレビ的ショーとしての闘いはあったけど、本当に血を流す瞬間はなかった。あれはいったい何だったんだと今でも思いますね」

第3章では「全共闘を解剖する」と題し、彼らの実像を検証する。

◇

立花さんの講演会を企画した関翔平さんは現在、共同通信の記者になっていた。記者を志望した理由については、立花氏の影響で「書く仕事に携わりたかった」と話していた。

闘争の舞台はネットへ

「全共闘史」のなかで、11月22日は記念日の一つなのだという。1968年のこの日、東京大学の安田講堂前で「東大・日大闘争勝利全国学生総決起大会」が開かれ、両大学の全共闘が合流したとされる日だからだ。08年、40年後の記念日に日大全共闘のOBたちは、安田講堂にほど近いホテルの宴会場で同窓会を開いていた。

乾杯の音頭をとったのは、日大全共闘の元議長、秋田明大さん。瀬戸内の島で自動車修理工場を営む秋田さんが上京することはめったにない。

「こういう場に立つのは40年ぶり。私がそうだから言うわけではありませんが、みなさんも紆余曲折しながら頑張ってこられたと思います。とにかく、あさってではなく、明日に向けて頑張っていきたいです」

短いあいさつだったが、元闘士たちは満足そうに拍手を送った。周囲から声をかけられるたび、秋田さんは丁寧に頭を下げた。

会に参加したのは、日大だけでなく、東大、早稲田大などの元闘士ら約90人。会場にはプロジェクターで当時のモノクロ映像が流された。バリケード、立て看板、ヘルメット……。若き日の映像を前に、白髪の元闘士たちが興奮しながら順番にあいさつに立つ。

「最近思い立って、地域の環境運動などに取り組んでいます。私の闘争の原点は日大闘争です」

「ここに来ると考えただけで、久しぶりにデモにいくような高揚感がありました」

中には、「人生のなかであんなに面白い時間はなかった」と話した人もいた。

ただ、「同窓会」と銘打っている割には、よそよそしさも感じられる。参加者の一人に尋ねると、意外な答えが返ってきた。

「私の場合は、ほとんどが初対面。当時どこかで会ったことがあるのかもしれませんが、あのころは偽名を使うのが当たり前でしたから。互いの本名を名乗らないのが暗黙のルールでしたから」

組織なき運動

確かに会場では、初対面のあいさつをしている人が少なくなかった。

「当時は互いに名前を知らなくとも、その場に集まることに意味があったんです」

そう話す参加者もいた。

全共闘の特性の一つとして語られる「匿名性」。

元闘士らは「不当な処分や逮捕もあった時代で、自分を守るために必要な手段だった」と説明するが、あれほどの運動が、後世にうまく伝えられなかった理由の一つはそこにもあるのではないか。そして、責任の所在があいまいになったという側面もあったかもしれない。

この日の同窓会の10日ほど前に86歳で亡くなり、当時、東大紛争の処理を担当した元東大総長代行、加藤一郎さんは94年、「全共闘運動の意味について」という興味深い文章を残している。そこでは「全共闘の魅力は誰でも自由に議論ができる『組織なき運動』だったところにある」と一定の評価をした上で、こう続けている。

「しかし、この組織のないことが同時に欠陥になった。誰でも自由に入って議論すれば、自由な議論はできるが無責任な議論になるおそれがある。そこでは妥協は排撃され、元気のよい強硬な意見に支配されがちになる」

単純に同一視することはできないかもしれないが、こうした特性は、インターネット社会における匿名性にも通じているような気がする。現役社員の内部告発などを通じ不正を明らかにしやすい半面、無責任な意見が飛び交う危険性も秘めているからだ。

ハンドルネームは

会社を退職するなどして人生に余裕ができたからだろうか。

近年、元闘士たちも次々とネット界へと進出し、全共闘回顧のホームページ（HP）を立ち上げる人が増えている。この同窓会にもそうしたページの主宰者たちが顔をみせていた。

自らHPを開設している元闘士（60）は「開設した理由はインターネットが匿名だったから」と話し、こう続けた。

「ノスタルジックな気持ちもあるし、人生を振り返って、あんなに力を込めたことはなかったという思いもある。人生も終盤にさしかかり、HPを見た人から『お前がしたことは無駄じゃない』と言ってもらいたいという甘えもある」

HPを通じて交友が広がり、こうした会合によく参加するようになった人もいるという。同窓会ではこんなシーンもあった。

「私のハンドルネームは○○です」とある元闘士が語ると「えー　あれは、あなただったのですか。掲示板で見たことがあります」と周囲の数人から一気に感嘆の声が

同窓会で肩を組んでインターナショナルを合唱する元闘士たち

あがったのだ。

40年の時を経て、再び彼らを結集させた「匿名性」。

マイクを握った参加者からは、「せめて今の政治状況を見過ごさず、おかしいことをおかしいと言うべきだ」「黙して語らずではなく行動することで団塊世代の責任を果たしたい」との意見も出たが、具体的な行動をうながす提案には至らなかった。

昼過ぎに始まった同窓会は、約6時間にわたって盛り上がり、全共闘同窓会の定番「インターナショナル」の大合唱でお開きになった。肩を組んで声を張り上げているうちに、感極まったのだろう。目に涙をためた人もいた。

パソコンは苦手だという秋田さんにこの日の感想を尋ねると「私はいろんな思いを、今住んでいる小さい島に持って帰って、精いっぱい生きていければそれで良いと思っている」とだけ話した。

ピンク大前へ！学生運動も学歴社会

「機動隊が来たら、『ピンク大のやつらを前に行かせろ、ピンク大は前へ』なんて叫んでいましたね」

同志社大学全学闘（全共闘）のメンバーだった男性（60）は大学紛争時の〝学閥〟について興味深い話を始めた。

ピンク大とは桃山学院大学のこと。「桃」の頭文字から、「ピンク大」「ピン大」などと呼ばれていたが、逮捕の恐れのある危険な場所に彼らを行かせ、いわば「人身御供になれ」という乱暴なかけ声だった。

男性によると、関西の場合、入試の難易度順そのままに、作戦立案は京都大の学生で、現場指揮官は同志社大、前線には桃山学院大やそのほかの学生が出て行くことが少なくなかったという。「権威」に反発し、「大学解体」まで叫んだ彼らが、現実の闘争では「大学名」を前面に出す。

このエピソードには「自分たちの闘いに、そのような序列はなかった」と反論する全共闘ＯＢもいる一方、「全国全共闘トップの山本義隆さんが、東大出身者だったという事実が、われわれもまた学歴社会につかっていた証拠だ」「セクトの細分化が進むにつれて大学による序列が次第にできていった」と分析した人もいた。

今となっては正確な事実の検証は難しいが、当時を知る警察ＯＢは「運動の指導者は国立大の学生に多く、われわれとしても逮捕したら起訴に持ち込みたかった」と振り返り、こう指摘した。

「前線の『兵隊』なんて一晩留置されて釈放されるケースがほとんどだった。学生の指導者たちもそこに気づいていたからこそ、前線に無茶をさせていた。逆に指導者自らが逮捕されれば、組織が壊滅させられるほどのダメージを受けてしまう。結果として彼らの内部にも大学による序列化のようなものが生まれたのではないか」

ビジネス界の縮図

東大・安田講堂の陥落から約10カ月が経過した69年11月5日、山梨県内の山荘「福ちゃん荘」で、宿泊中の赤軍派メンバー53人が凶器準備集合罪などで一網打尽に逮捕される「大菩薩峠事件」が起きた。

赤軍派はその2カ月前に東京・日比谷公園で行われた全国全共闘結成大会で初めて登場した新左翼の最過激派。彼らは首相官邸占拠計画を立案し、大菩薩峠で軍事訓練をしようとして警察当局に見破られたのだ。当時、全共闘運動は下降線に入っており、運動から距離を置く学生が増えていた半面、さらに過激な行動に活路を見いだすグループが出始めた時期でもあった。

この赤軍派の組織構造について、ハワイ大学のパトリシア・スタインホフ教授は、その著『日本赤軍派』（91年）の中で社会学的視点から分析している。着目したのは、事件で押収された組織図のノート。トップには一流大学出身者ばかりが並び、次いで書かれたサブリーダークラスには、さほど入学難易度の高くない私大の学生たちが記載されており、最底辺には青年労働者や高校生の名前が記されていた。

スタインホフ教授は「あたかも日本のビジネス界の縮図」と表現し、「赤軍派は国家権力打倒をめざしたが、その基盤をつくっている学歴優先主義は問題にしていな

大菩薩峠で逮捕された赤軍派学生ら。軍事訓練し、首相官邸を占拠する計画だったという（1969年11月）

かったようである」と指摘している。

実際、赤軍派創設時の最高指導部「政治局」の7人をみると、議長の塩見孝也氏をはじめ京大が4人。早稲田大1人、同志社大1人、大阪市大1人と上場企業の役員リストといっても違和感のないようなメンバーが並んでいる。

昔も今も……

学生運動もやはり学歴社会だったのだろうか。

東京大学全共闘だった男性（60）に尋ねると「学歴ですべてを決めることはなかったと思うが、東大には東大なりの、私大には私大なりの役割分担があった」と話し、次のようなエピソードを教えてくれた。

「東大はバリケードの作り方があまりにも貧弱で、日大全共闘が強固なバリケードに作り直してくれたこともあった。やはり東大は勉強ばっかりのおぼっちゃまで、力仕事は苦手だったのだろう」

右翼学生たちとの衝突が日常茶飯事だった日大全共闘には、強固なバリケードをつくるための特殊チームもあったという。

さきの男性は「組織をつくれば、ピラミッド構造にならざるをえない。名称はともかく指揮官、参謀、兵隊という区分けが存在するのは当然でしょう。指揮官や参謀には頭脳が必要だし、兵隊には体力がないとダメ。これは自然な発想ではないか。時代や思想とは関係のないことだと思います」。

彼らが後に歩んだ人生も大学によって大きく分かれた。

むろん、指導者になったばかりに人生の大半を獄中で過ごした「エリート」もいたが、大半の学生は何ごともなかったかのように社会人となり今、定年退職の時期を迎えている。関西の私大で学生運動をしていた男性（58）は言う。

「私が知っている範囲でも、東大出身の元闘士はその後、弁護士や学者といった社会的地位の高い職業についており、有名私大の連中もそこそこの企業で出世した。ただ、中堅私大の元活動家たちは就職活動も難しく、最近もリストラや倒産などで厳しい人生を強いられていますよ。そうした構図は現代の学生とほとんど同じであり、やっぱり日本は東大を頂点とした学歴社会なんです」

あの闘いを「勝利」と考える理論

「全共闘運動は敗北だったといわれるが、勝利だったという言い方もあると思う。日本の新左翼は権力こそ奪えなかったが、今の世の中をみると、掲げた目標はかなえられているとも思えるのです。逆説的な言い方ですが……」

全共闘の時代を描いた著作『1968年』などのある文芸評論家で、近畿大学教授の絓秀実さん（59）は、日本の新左翼運動についてこう語り始めた。

絓さん自身も全共闘経験者だ。新潟の県立高校から1969年に学習院大に入学し「波に巻き込まれるように」学生運動に加わり、学習院大全共闘の創設にかかわった。学習院らしいというべきか、シンパには明治の元勲の親類や、高名な政治家のおいといった学生もいたという。

大学中退後も日本読書新聞の編集長などを務めながら、学生運動の論評を続けてきた絓さんは「全共闘はある種のヒステリー。バリケードはコンパみたいな感じだったし、武装学生のばか騒ぎという側面はあった」としながらも、「勝利」の理由についてこう付け加えた。

「今は保守的な政治家ですらセクハラに嫌悪感を示し、エコが大切だと説く時代になったでしょう。かつてはそんなことは考えられなかった。性差別も環境問題も、もともとは全共闘をきっかけに提起された問題だ。保守ですら新左翼の目標を無視できなくなったことを考えると、あの運動は時代の転換点をもたらしたという意味がある」

60年代当時、河川に汚水を垂れ流したり、有害な煙を大気に排出したりしていた工場はまだあったし、「女は家事をしていればよい」といった発言も普通にあった。

その後のエコロジー運動やフェミニズム、ウーマンリブ運動の流れのなかで、いま、そうした企業や言葉は確かにほとんど聞かれなくなった。

労働者の支持

絓さんの著書名でもある「1968年」前後、若者たちの反乱は世界的にクローズアップされていた。世界の学生たちの行動はスチューデントパワーと呼ばれ「政治の季節」とも称された。

フランスではベトナム反戦運動をきっかけに、約1000万人の学生や労働者がパリでゼネストを行うなどの五月革命が起こり、アメリカでは、学園紛争を描いた映画「いちご白書」で知られるコロンビア大学闘争で、大学の人種差別や軍事研究が非難された。

ただ、そうした背景がありながら、日本の全共闘について「一部の学生が騒いでいただけ」という見方があるのは、海外に比べ、学生以外の層に運動の広がりがなかったからだという指摘もある。中でも労働者の支持を取り込めなかったという側面は大きい。

首都圏の私大で学生運動にかかわったある男性は「当時は『学生がまず先頭に立ち、労働者を引っ張っていく』と言っていたが、今から思えば、おこがましい考えだった。労働の意味すらわからない連中から『立ち上がれ』といわれても、働いている人が聞いたら勝手な言い草に聞こえただろう」と振り返る。

当時、労働者の立場から学生運動を支援していたという70代の男性も、「世の中を変えることは短期間にできることではない。学生たちは明日にでも革命が起こるかのような勢いで急に熱したために、突然冷めてしまった」と話す。

安田講堂をめぐる評価

絓さんは、全共闘運動について「マイノリティーの問題に光をあたえるきっかけをつくった」という点を評価する半面、運動の象徴ともいえる東大安田講堂の攻防戦については冷ややかな視線を送っている。

69年1月の攻防戦で、安田講堂には、ノンセクトラジカルと呼ばれる無党派学生たちだけでなく、セクトのメンバーたちも数多く動員されていた。絓さんは、機動隊の導入に対し、最後まで激しく抵抗するという運動方針を打ち出したのは、そうした無党派学生たちではなく、新左翼党派の幹部たちだった、とみている。

「新左翼セクトの指導者たちの多くは当時、全共闘世代よりも10歳ほど上で、60年安保を戦った年長者たちだった。東大中心主義にとりつかれた彼らは、東大で華々しく機動隊に敗れるところを世間に見せることで、70年安保に向けた起爆剤になると考えていたのではないか」

学生たちが籠城した東大安田講堂。各所にセクトの旗が掲げられた（1969年1月）

意図的に警察権力に大敗する場面をつくることで、注目を集めようとしたというのだ。

一方、当時、安田講堂にいたというあるセクトの元幹部はこんな話をする。

「機動隊に負けることなんて最初から誰もがわかっていた。実はあのとき、機動隊との勝負より、講堂の壁面の目立つところに自分のセクトの旗を掲げられるかどうかのほうが重大事だった。攻防戦はテレビ中継される。旗が目立てばセクトの格好のアピールになる、そう思っていた」

無党派学生たちの反乱とされた全共闘運動は、「労働者の支持」を得るどころか、単なる党派のアピール合戦へと進んでしまったのだろうか。40年が経過してもなお、安田講堂事件の評価が確定していないことも、そうした下世話なエピソードも含めたさまざまな見方が渦巻いているからなのだろうか。

それは〝無党派学生の雄〟であり、東大全共闘の代表だった山本義隆さんがその後、メディアなどの露出を避け、一貫して沈黙を続けていることと、無関係ではないのかもしれない。

山本義隆が沈黙する理由

《連帯を求めて孤立を恐れず。力及ばずして倒れることを辞さないが、力尽くさずして挫けることを拒否する》

1968年秋。写真学校を卒業したばかりのフリーカメラマンだった渡辺眸さん（66）は、バリケード封鎖された東京大学安田講堂の階段の踊り場に書かれた乱雑な落書きをカメラに収めた。

20代後半だった渡辺さんは当時、全共闘がバリケード占拠する安田講堂で内部撮影を許されていた唯一の人間だった。学生運動を被写体にしたのは、東京大学全共闘代表だった山本義隆さん（67）の友人だったことがきっかけだった。

東大院生だった山本さんは当時、京大のノーベル賞受賞者、湯川秀樹氏の研究室に通う気鋭の研究者。将来を嘱望されていたが、研究者としての栄達を捨て、学生運動に没入していた。

安田講堂では顔を撮影されることに抵抗感を持つ学生が多く、カメラを持った渡辺さんはすぐに全共闘メンバーからマークされた。山本さんはその都度「この人は大丈夫だ」と取りなし、疑われないように「全共闘」と書いた腕章も作ってくれたという。

山本さんは69年1月18、19日の機動隊との攻防戦を前に、安田講堂から身を隠して潜伏生活に入る。後を引き継いだのはのちに、医師として長野県などで地域医療にかかわり、社会党参院議員にもなる今井澄さんだった。

２００２年に62歳で亡くなった今井さんが93年に記した「全共闘私記」では「どうしても安田講堂に残ると主張した山本義隆氏らをのちの運動のことを考えて無理やり安田講堂から追い出したのは間違いだった。たとえ玉砕戦法と批判されようとも全員が残って戦うべきだったと思う」と振り返っている。

何も付け加えず

山本さんはその後、逮捕され、運動の終焉後は予備校の物理講師となった。暗記や受験テクニックに頼らないスタイルで「物理の根本を教えてくれる」と受験生たちに評判の名物講師となった。

今でも現役講師として教壇に立つ一方で、科学史の在野の研究者として、03年に著書『磁力と重力の発見』（みすず書房）で、「大佛次郎賞」を受賞するなどの業績も残したが、こうした場面でも表舞台に出ることは好まない。在籍する駿台予備校によると、メディアからの取材依頼は今でも数多いが「すべて断るように」といわれているという。

渡辺さんは一度、山本さんに「なぜ、取材を受けないのですか」と尋ねたことがある。山本さんは「（マスコミに出ないと）決めたから」と一言答えただけだったという。

一方で、山本さんは全共闘運動と一切、縁を切ったわけではない。当時発行されたあまたのビラやパンフレットといった資料を丹念に収集し、92年に全23巻に上る東大

東大安田講堂前で、仲間と肩を組む山本義隆さん（左から3人目）。歌っているのはインターナショナルだろうか（1968年11月、渡辺眸さん撮影）。渡辺さんはもともと、山本さんの奥さんと親しかった。彼らの住むアパートに遊びに行っては、奥さんと他愛のない話をして過ごすことが多かったという。

闘争資料集をまとめている。67年から69年にかけてのビラ、討論資料、大学当局文書など5000点以上を収録。平積みにすると高さ1メートルにもなる分量で、これらが系統立てて整理され、国立国会図書館に寄贈されている。

渡辺さんは言う。

「あの時代に起きたことを後から評価することは簡単ですが、山本さんは、あのとき起きたことがすべてでそれ以上付け加えることも、割り引くこともできないと思っているのかもしれない。資料集をまとめたことが、彼の全共闘運動に対する総括なのでしょう」

山本さんの知人の一人でもある元活動家も、その行動の意図をこう説明する。

「全共闘運動は自発的な運動というところに意味があった。山本君も最高指導者という意味合いではなく、あくまで代表でしかなかった。カリスマ扱いをされた山本君がもし当時のことを総括する発言をすれば、それが全共闘全体の総括として一人歩きしてしまう可能性がある。そうすると、ひとりひとりの自発的な思いでつくられた全共闘という意義が伝わらなくなってしまう、山本君はそう思っているのではないだろうか」

「舛添要一」の署名

国立国会図書館で、資料集を開いた。ビラの一枚一枚が丁寧にコピーされて百科事典のようにとじられ、赤い表紙がつけられていた。全共闘を支持するビラだけではなく、反対するもの、敵対視するものなどさまざまな訴えがあった。

68年11月のビラをまとめた冊子を見ると、「舛添要一」と署名の入った文書が目に入った。当時、東大に在学していた自民党参議院議員の舛添要一氏（60）が書いたものだろうか。「我々は全学友に無期限スト解除を強く訴える」と非難する文章が書かれていた。

40年前の「安田講堂」とは何だったのか。

渡辺さんが07年に出版した写真集「東大全共闘1968―1969」には、極めて珍しいことに山本さんが長文の寄稿をしており、「バリケード空間は恒常的に大学当局との緊張関係を作り出すとともに、学生のそれまでになかった新しい連帯の場を創出したのである」と記している。

当時の評価をめぐっては、現在も意見が分かれている。

出版物としては2つの書籍が代表的で、警視庁の警備担当者として現場で指揮を執った佐々淳行氏は『東大落城』（92年）の中で「東大生の多くは学外に逃げた」と指摘。一方、今井さんと共に指揮をとり、その後、霊長類学者となった島泰三氏の著作『安田講堂1968―1969』（05年）では「安田講堂で戦った東大生も多く、卑怯者のイメージは事実ではない。また、戦うには相応の理由があった」と強く反論している。

残念ながら、今回も山本さんは取材に応じなかったが、彼が今何と闘っているのか知りたい気がする。それは、安田講堂が落城する直前に行われた時計台放送で、次のようなメッセージが流されたからでもある。

「我々の闘いは勝利だった。全国の学生、市民、労働者の皆さん、我々の闘いは決して終わったのではなく、我々に代わって闘う同志の諸君が、再び解放講堂から時計台放送を真に再開する日まで、一時この放送を中止します」

◇

山本義隆さんは現在も駿台予備校の講師として教壇に立ち続けている。

闘士たちの「世代間格差」

「お前ら予備校生やろ。入学前から大学解体して、どこへ入るつもりや」

大阪市の私立上宮高校時代から学生運動を始めた著述業、千坂恭二さん（58）は浪人時代、そう冷やかされたことがあるという。

１９６９年、東大安田講堂の攻防戦などに刺激を受けた予備校生たちが発足させた全国浪人共闘会議（浪共闘）。千坂さんもメンバーの一人で「大学解体以前に世の中を変えようという意識のほうが強かった」と振り返る。

当時は大学生より下の世代の紛争も激しかった。

大阪では府立清水谷高校や府立市岡高校などで学生運動が盛んで、東京でも、作曲家の坂本龍一さん（57）や塩崎恭久元官房長官（58）らが在籍していた都立新宿高校などがその舞台となった。

ただ、大学によって事情は異なるものの、彼らが実際に大学に入った70年ごろ、すでに学内は落ち着き始めていた。67年後半から盛り上がる学生運動は、東大入試が中止に追い込まれた69年１月の安田講堂攻防戦をピークに勢いを失い、72年の連合赤軍

ヘルメット姿で集まった高校生活動家たち（1968年7月）

事件で壊滅的となったためだ。

正規の学生ではない〝外人部隊〟として各地の大学のバリケードを転々としていた千坂さんは結局、大学進学をあきらめたが、学生活動家たちと交流するうちに、彼らの中にある世代間格差を感じるようになった。

千坂さんは「大学や社会に不満を持ってバリケードを作った学生たちと、大学に入ったとき、すでにバリケードがあった世代では当然感覚が違う」と話し、安田講堂事件のときに大学生だったかどうかが、ひとつの分岐点になるとみている。

「全共闘世代」と一口にいっても、「入学した年次のわずかな差で、あの運動に対する見方はかなり違うのではないか」という。

特に、元全共闘として後に手記を発表したり、インタビューなどに答えている人の多くは「安田講堂以前」の入学で、千坂さんには「下の世代の声はあまり伝わっていない」という思いもある。

組織はいらない

全共闘運動には上は30歳近い院生や助手クラスも参加しており、高校生の世代を含めれば15歳程の年齢幅があった。

千坂さんは世代の特徴について「上の世代は理論的で、学生運動で新しい世界をつくるという理想があった。運動が衰退しても勉強を続けて研究者になったり、医者や弁護士といった道を歩んだ人が目立つ」。

作戦参謀の役割を担った上の世代に対し、前線の兵隊として機動隊と衝突した千坂さんら下の世代。幼さも残っていた彼らは「とにかく抵抗することが先に立ち、破滅的だった。大学を中退したり、将来を見失って、今で言うフリーターになった人もかなりいた」。

66年入学で、やや「上の世代」にあたる首都圏の私大出身の男性（62）は、入学時にはまだバリケードはなく、デモでヘルメットもかぶっていなかったという。

「大学の中には、日本共産党など革新政党の学生組織やセクトに所属する連中もいたが、自分を含めそうした既存の組織を煩わしいと思う学生が増えていた。組織のなかで何かをしたいというよりも、組織の力が必要だとも思っていなかった。私らのようなスタイルは、ノンセクトラジカルと呼ばれていた」

ノンセクトの登場は、全共闘運動を象徴する現象といわれる。

学生たちは既存社会に反発しただけでなく、セクトにとらわれた旧来の学生運動にも満足していなかった。参加したい人が自然発生的に加わることができる。これが幅広い支持を集め、全共闘の母体となった。「全共闘は組織を持たない運動」といわれるゆえんでもある。

ただ、こうした特徴は諸刃の剣でもあり、多くの学生が集まる求心力になった半面、運動が下降線をたどると逆に、急激に結束力を失う要因にもなった。

火をつけただけ

安田講堂の陥落から8カ月後の69年9月、学生たちは全国全共闘の創設にこぎつけるが、このときすでにノンセクトの衰退は始まっていたとされる。全国全共闘は結局、セクト同士の駆け引きの場となり、党派色を感じた学生たちが次々と離反。さらなる運動の衰退につながった。

限界を感じた学生のなかには、再びセクトに活路を見いだそうとする者もいたが、このころになると内ゲバが頻発し、多くは運動の現場を離れていった。

出版社「鹿砦社」社長の松岡利康さん（57）は70年に同志社大に入学した元闘士だ。ノンセクトだったが、各地で内ゲバ事件が起きるたび、学内では「全共闘は怖い」と冷ややかな視線にさらされたという。

「入学したときはまだ、過激なことが支持を集める傾向もあったが、次第にひんしゅくを買う雰囲気が広がった」

勇ましいことを言っていた先輩たちも次々と姿を消した。松岡さんは「始めたことだから」としばらく運動を続けたが「取り残された者たちでの後退戦はつらかった」と振り返る。

70年代前半まで首都圏の私大で学生運動にかかわった「下の世代」の元活動家（57）も全共闘に否定的な思いがあるという。

「世の中を変えようと、全共闘が火をつけたことは良かったと思うが、その後はあまりにも無責任だった。大学解体や反戦といった問題提起をしたのに、その後はさっさといなくなってしまった」

全共闘に内包される世代間断絶。団塊世代を画一的にとらえるのができないように、全共闘世代もまた、ひとくくりにするのは難しいのかもしれない。

加藤登紀子と闘士の恋

「卒業証書を持ったところを撮影させてください。安田講堂の前で、振り袖着た姿でお願いします」

1968年3月、東大生歌手として人気を集めていた加藤登紀子さん（65）は卒業式を前に女性誌のカメラマンから、そう頼まれていた。

在学中にシャンソンコンクールで優勝してデビュー。バラエティー番組にも出演するアイドル歌手として、お茶の間でも知られた存在だった。

この年の1月には東大医学部自治会が無期限ストに突入するなど、全共闘運動は高揚期を迎えていた。多忙な芸能活動で6年生を迎えていた加藤さんは学内事情には疎かったが、兄の影響で高校のときに60年安保闘争に参加したことがあり、思うところもあった。

卒業式をボイコットする動きがあると聞き、思い切ってデモ隊に飛び込んだ。振り袖姿を待ち構えたカメラマンたちがとらえたのは、Ｔシャツにジーンズ姿でこぶしを振り上げる加藤さんだった。

その記事を偶然目にしたのが、後に獄中結婚することになる同志社大生の藤本敏夫さんだった。藤本さんは、加藤さんのもとを訪れ「学生集会で歌ってもらえないか」と持ちかけたが、加藤さんはこう言って断った。

「歌って踊って人を集めるやり方を、あなた方は否定してきたんじゃないの。音楽の力を借りようなんて思わないほうがいい。私は歌を政治利用してほしくない」

藤本さんはあっさり引き下がったが、「せっかくだから今夜はみんなで飲みましょう」と持ちかけた。これが２人の出会いになった。

学生運動の中心的指導者として、後に反帝全学連委員長も務めた藤本さんは当時上京して、明治大学を拠点に活動していた。

警察の追及を避けた潜伏生活でもあり、テレビ出演に追われるアイドルとの恋は、すれ違いも多かった。会えるのは深夜から未明のわずかな時間だけだったという。

ひとり寝の子守唄

闘士の恋愛を題材にした作品には、道浦母都子さん（61）の歌集「無援の抒情」などが知られる。大阪府立北野高校を経て早稲田大に入学した道浦さんは、自らがかかわった全共闘運動とその挫折を歌に託し、時代の雰囲気を伝えている。

《迫りくる楯怯えつつ怯えつつ確かめている私の実在》

《君のこと想いて過ぎし独房のひと日をわれの青春とする》

携帯電話もインターネットもなかった時代。加藤さんの恋も多難だった。大きなデモがあると、藤本さんがけがをしてないか、逮捕されていないかと心配したが、いくら気をもんでも自宅で電話を待つ以外すべはなかった。

公安警察に激しくマークされ、繰り返し逮捕されたときには、差し入れのために休みのたび東京拘置所に通い詰めた。今なら芸能マスコミが飛びつきそうなエピソードだが、加藤さんは「そのときは本当に夢中だった。誰かに見られるとか、考えもしなかった」。

このころ、拘置所で一人過ごす藤本さんを思って作った歌が「ひとり寝の子守唄」だ。「ひとりで寝る時にゃよぉー　ひざっ小僧が寒かろう」のフレーズで始まるこの歌は、音楽の方向性に悩んでいた加藤さんの歌手人生に大きな転機を与えた曲にもなった。

歌わされるのではなく、自ら歌いたいと思う曲だったからだ。69年6月にレコーディングを終えた日は、くしくも藤本さんが拘置所から出てきた日でもあった。

加藤登紀子さんと藤本敏夫さん夫妻（1999年5月）

「あなたのために作った」と聞かせたが、藤本さんは「こんな寂しい曲、いやだなあ」とつぶやいただけだった。ただ、歌は大ヒット。この年のレコード大賞歌唱賞受賞曲となった。

71年のミリオンセ

ラーになった「知床旅情」を歌うきっかけをつくったのも藤本さんだ。2人でいるとき、森繁久彌さんのヒット曲を突然歌い出した藤本さんの歌声がとても印象的だったからだという。

知床の岬に　はまなすの咲く頃
思い出しておくれ　俺達のことを
飲んで騒いで　丘に登れば
遥か国後（くなしり）に　白夜は明ける

朗々と歌う藤本さんの声を聞きながら、加藤さんは「自分はいっぱしの歌手をしているのに、こんなふうに誰かのために歌える歌を持っていない」と感じたという。

百万本のバラ

「全共闘はある意味、ロックシンガーみたいなもの」と加藤さんは言う。
「格好良く、リズムに乗せて言いたいことを伝える、みたいな感じですよね。学生たちはそれに感覚的に呼応していた。『自由に言っていいんだ』ってね。あんなにも自由という言葉が輝いていた時代はなかった」

当時は、音楽も自由じゃなかったのだという。

「体制側のものだというか。やっぱり演歌が主流というか。そういった意味で60年代のアングラフォークは劇的なものだったんです。結局、政治は動かなかったけど、全共闘によって学生たちの表現手段は劇的に変わりましたね」

加藤さんは当時、毎週土曜の朝に大阪の民放局でトーク番組に出演していた。拘置所にいる藤本さんに代わり、京都に赴いて同志社大の仲間たちと飲み明かすことも多かった。

番組では学生活動家を呼んでトークをしたこともあった。プロデューサーからは「司会者だから中立に。学生に語らせろ」と釘を刺された。そつなく進めたつもりだったが、収録後の打ち上げで、カメラケーブルをさばくアルバイトの若者が突然、加藤さんに詰め寄ってきた。

「生放送で、司会者のあなたは何でも言える立場にある。それなのになぜ学生の気持ちを代弁しないのか。おれは情けない」

当時の思いがあふれてきたのだろう。エピソードを語る加藤さんの目は真っ赤に潤んでいた。

「あのころ、全国の大学が封鎖されていた。前代未聞の事態で、本当にすごいことだったと思う。でもなぜ、その動きが日本の将来を変える力にならなかったのか。それを考えると本当に悔しい」

藤本さんは内ゲバの激化を避けるように運動の現場を離れたが、実刑判決を受けて収監される。加藤さんのお腹には赤ちゃんがおり2人は獄中結婚を決めた。

出所した藤本さんは後に、千葉県に移住して有機農業の実践に取り組み、加藤さんは歌手を続けた。87年の大ヒット曲「百万本のバラ」は、革命前夜のグルジアの貧しい画家の恋の物語。愛と革命は、歌手としての加藤さんの人生を貫くテーマになった。

小さな家とキャンバス　他には何もない
貧しい絵かきが　女優に恋をした
大好きなあの人に　バラの花をあげたい
ある日街中の　バラを買いました
百万本のバラの花を
あなたにあなたにあなたにあげる

窓から窓から見える広場を
真っ赤なバラでうめつくして

藤本さんは58歳だった02年に肺炎で死去。最期には自分で酸素マスクをはずし「もう、いいだろう」とつぶやいたという。

東京・青山葬儀所で営まれた藤本敏夫さんを送る会で、藤本さんの遺影を前に歌う加藤登紀子さん（2002年8月18日）

葬儀のあと、藤本さんの遺品から古ぼけた封筒が見つかった。農業関係の資料の中に1枚だけはさまれていたものだった。

中にあったのは69年の日付の入ったガリ版刷りのビラと、世界情勢について書き込んだメモだった。

実行犯が語る連合赤軍事件

静岡市役所近くの小さな雑居ビルにスナック「バロン」はあった。スキンヘッドの店主、植垣康博さん（60）は1972年の連合赤軍事件で、12人が死亡したリンチ事件にかかわり、懲役20年の実刑判決を受けた。出所したのは98年10月。バロンは連合赤軍時代の彼のあだ名だ。取材について、「私は事件から逃げることはできませんから」と言い、半生を語り始めた。

子供のころは鉱物や天文が好きな理系少年だった。鉱山の多い東北の土地柄にひかれて67年、弘前大学理学部に入った。京大大学院への進学希望があったが、「物理学は核兵器や原子力に協力してもよいのか」と全共闘に加わった。弘前大全共闘には「機動戦士ガンダム」のキャラクターデザインなどで知られる漫画家、安彦良和さん（61）もいた。

静岡市内でスナックを営む植垣康博さん。左上は連合赤軍兵士だったころの植垣さん

当初、植垣さんは一般的なノンセクト活動家だったが、理系の知識をかわれて「爆弾をつくってほしい」と頼まれたのが赤軍派とかかわるきっかけだった。「僕なんかマルクスもろくに知らない。むしろ右翼的な発想で『義を見てせざるは勇なきなり』という思いがあった」

上京して参加したデモで逮捕。拘置所で赤軍派の文書を読むうちに「これからはゲリラ戦」と考えるようになった。

1年2カ月の獄中生活を経て、70年12月に保釈、腹を決めて赤軍派兵士として、銀行を襲撃して闘争資金を調達する「M作戦」などに加わった。

グアムで保護された元日本兵の横井庄一さんが「恥ずかしながら帰って参りま

した」と語ったのは72年2月。連赤事件はちょうどそのころ、71年末から翌年2月の出来事になる。

連赤は、赤軍派の一部と革命左派（革左）という2つが合流してできた組織だった。事件は両派が新党結成のために群馬山中などで行った共同軍事訓練の中で起きた。

赤軍は最高幹部の塩見孝也議長らが逮捕されており指揮官不在。中堅クラスだった森恒夫幹部＝後に獄中自殺＝がトップにいた。革命左派には、後に極刑判決を受ける永田洋子（2011年、65歳で獄死）と坂口弘（62）の両死刑囚がいた。

技術が身を助けた

山中に集まったのは両派の29人。ささいなことで不協和音が生じた。

革左のメンバーが水筒を持っていなかったことを赤軍が「自覚が足りない」と指摘。逆に革左は赤軍の女性の化粧や指輪を問題視した。批判の矛先が次々とメンバーに向けられるなか、同志をリンチすることで「共産主義化を進める」という理屈が生み出された。

「血」の総括の始まりだった。

連合赤軍事件でリンチ死した同志のうち４人が埋められていた墓穴（1972年3月）

すでに3人が惨殺されてから合流した植垣さんは旧知の幹部、坂東国男容疑者（62）＝後の超法規的措置で国外逃亡中＝に「こんなことやっていいんですか」と言ったが「組織のためだ」と言われた。彼らにとって上の命令は絶対だった。その光景は凄惨さを極めた。「総括が足りない」とされた同志をみなで殴り、柱に縛ってさらに殴り続けた。リンチ死した埋葬前の遺体を「敗北死だ」とさらに殴ったこともあった。

植垣さんは会議が始まると、幹部から目をつけられないよう端に座るようにしたが、リンチが始まると前に出た。「よごれ仕事は僕のような兵士がすべきだとも思っていた」

つい先ほどまで親しかった仲間を殴るとき、一体何を考えていたのか。

植垣さんは少し間をおいてこう話した。

「申し訳ない、という気持ち、ですよね。殴ったあとで柱に縛りつけながら小声で『すまない』と言ってみたり……。ただ一方で、問題を起こしたのだから殺されても仕方ないという感覚もありましたね」

では逆に、次々と仲間たちが殺されるなか、植垣さんはなぜ、リンチのターゲットにならなかったのか。

「運が良かったとしか言えないけど、僕は手先が器用で大工仕事ができたからだと思う。幹部たちも僕がいないと小屋も作れない。技術が身を助けたのかもしれない」

下手な反省いらぬ

植垣さんは命令で別動隊に入り、仲間と離れていたところを逮捕された。残ったメンバーはあさま山荘に10日間立てこもり、銃撃戦を繰り広げた。その様子はテレビで生中継され注目を集めたが、後の捜査で連続リンチが発覚。あまりの残酷さに学生運動が一気に消滅する要因になった。

映画やドキュメントなどでいまなお注目される連合赤軍。

08年に公開された映画「実録・連合赤軍」で連赤側の視線で事件を描いた若松孝二監督（72）は「集団があると権力者が生まれ、権力を握った人間はそれを守ろうと内向きに攻撃を始める。相撲部屋でリンチが起きたように、どんな組織にも起こりうることだと描きたかった」。

植垣さんも「周囲がより厳しい状態に追い込むことで本人が成長できるという発想は、日本的なものかもしれない。社員教育や体育会にもそうした風潮はある。あのときは制裁ではなく、教育のためという考え方に陥っていた」と証言する。

05年、「バロン」のアルバイトをしていた33歳年下の中国人留学生（27）と結婚。今は3歳の息子と3人で暮らす。

取材を受けたことについて「僕は当時、幹部じゃなくて、ただの兵士。連合赤軍の代表みたいな顔をして話すのはおかしい、と言われることもある。でも殺してしまった仲間への義理があるんです。事件を風化させないようにするのが僕の仕事と思っています」。

遺族からは「下手な反省はしないでくれ」といわれた。

「安易な謝罪をされたらたまらない。一生かけて考えてくれ」という意味だと受け止めている。

植垣さんは現在も静岡市内でスナックを続けている。「フトコロ以外は相変わらず元気です」とのこと。現在の政治状況についての考えを尋ねると、「安倍政治がこれだけ続くということは野党に対抗できるものがない、ということなんでしょうね。野党は全然だめですね」と話していた。

◇

島耕作は振り返らない

漫画キャラクターの〝出世〟が一般ニュースになるのは異例のことだ。

2008年5月、弘兼憲史さん(61)が描く人気連載漫画シリーズの主人公「島耕作」の社長就任を報じる記事が新聞各紙に掲載された。

「日本一有名なサラリーマン」と称される島耕作も団塊の世代。わずかながら全共闘運動を経験したという設定だ。サラリーマン社会を勝ち抜いてきた彼は、当時をどう総括しているのだろうか。

島耕作が早稲田大学に入学したのは全共闘運動の先駆けとなる早大学費値上げ反対闘争が盛り上がった66年。東大安田講堂の攻防戦が起きたのは３年生の終わりごろにあたる69年１月で、まさに最盛期に学生生活を送ったことになる。漫画にはこんな述懐シーンもある。

「俺は雀荘に入りびたり資本論を最初の５ページだけ読み、反代々木系の学生運動にちょっと参加しながらジャーナリズム研究会のような暗いクラブに入ってジメジメした４年間を送った」

自分自身を重ねながら、人物設定をしたという弘兼さんは早大卒業後、70年に松下電器（現パナソニック）に入社。その後、漫画家となった。

「学生時代は雰囲気を味わってみようと１、２度学生集会に参加したことはある」というが、全共闘にはかかわらなかった。当時から「底の浅い政治運動。学生の分際で世の中を変えられるわけがない」と思っていたからだ。

時代の趨勢は「左」に傾いていたが、弘兼さんはそうした風潮をつくったのは学生ではなく、当時のマスコミの影響だと指摘する。

「あのころは、社会主義的なことを言う言論人がいっぱいいた。例えば、寺山修司や

カラースプレーが吹きつけられた早稲田大学の大隈重信像。「学生・島耕作」は何を思っただろうか（1969年5月、早大大学史資料センター提供）

大江健三郎なんかもそう。当時は反体制的なものを良しとする風潮があった。左翼的な言論が増えれば当然、学生は影響を受ける。学生はマスコミに引きずられただけではないか」

では、社長となった島耕作は全共闘運動をどう考えているのだろうか。

「きっと、何とも思ってないでしょうね。時代の雰囲気を味わってみようと多少政治もかじったが、すぐにこれは違うと思った。あえて全共闘をどう思うかと問えば、きっと否定するでしょう。ファッションとしてかかわったにすぎない」

我々は「ジョーである」

当時「右手にジャーナル、左手にマガジン」という言葉が流行した。

硬派な週刊誌「朝日ジャーナル」を愛読する一方、漫画雑誌「週刊少年マガジン」のとりこになった全共闘世代を表現したフレーズだ。

「マガジン」が創刊されたのは59年で、団塊世代はちょうど小学校高学年ぐらい。そして、彼らが20代を迎える68年になると、今度は青年誌というカテゴリーの漫画雑誌「ビッグコミック」が創刊される。漫画文化は団塊の世代とともに成長したともいえる。

その影響からなのか、団塊世代出身の漫画家は多い。「沈黙の艦隊」のかわぐちかいじさん（60）や「三丁目の夕日」の西岸良平さん（61）、「がんばれ元気」の小山ゆうさん（60）もそうだ。還暦を迎えたいま、弘兼さんは同世代に向けて漫画を描いているという。

「漫画の読者年齢を引き上げていこうという気概があるんです」

学生活動家たちの間でも人気漫画作品があった。身分差別の激しい江戸時代が舞台になった白土三平さんの「カムイ伝」と、東京の日雇い労働者の街、山谷からボクサーを目指す若者の姿を描いた高森朝雄（梶原一騎）さん原作、ちばてつやさん作画の「あしたのジョー」。

70年3月のよど号事件で赤軍派グループはハイジャックにあたっての「出発宣言」をこう締めくくっている。

「そして、最後に確認しよう。我々は明日のジョーである」


成功していれば……


団塊世代の青春期は、漫画だけでなく、音楽や映画、演劇などの分野でも若者文化が急成長している。各地でフォーク集会も開かれ、闘士たちは「山谷ブルース」「友よ」の岡林信康さん（62）や、メッセージフォークの旗手といわれた高石ともやさん（64）の「受験生ブルース」などをよく聞いたという。

映画では、高倉健さん主演の「昭和残侠伝」シリーズが人気で主題歌の「唐獅子牡丹」がヒットした。関西で学生運動をしていた自営業の男性（60）は「映画にしても漫画にしても、絶対的強者に立ち向かう主人公が、それをなかなか突破できないというストーリーにひかれた」と話す。

このころの若者文化は、既存の伝統に反抗するといった意味合いから「カウンターカルチャー（対抗文化）」と呼ばれ、後のサブカルチャーの源流になったともいわれ

る。その後も、団塊世代は核家族化や消費文化など、社会潮流を牽引した。そしてい
ま、団塊世代のサラリーマンたちの大量退職が話題になる。
弘兼さんは「定年を過ぎても会社にしがみついたり、過去の武勇伝ばかり繰り返す団塊世代もいるが、そうした人は世代全体から見ればごくわずかだと思う」とした上で、彼らの気持ちをこう分析した。
「島耕作のように成功していれば『学生のころなんか忘れた』ということになるが、もちろんうまくいかない人のほうが多い。会社員としての収入は減り、子供は言うことを聞かず、妻ともうまくいかない。となれば、人生で一番輝いていたときのことばかり振り返ることになるんでしょうね」

就職が決まって髪を切ったのか

フォークグループ「バンバン」のヒット曲「『いちご白書』をもう一度」は、卒業を前にした全共闘世代の学生の心情を歌った曲である。

「就職が決まって髪を切ってきたとき、もう若くないさと君にいいわけしたね」というフレーズが印象的だ。

全共闘運動にかかわった学生のほとんどは結果的に一般企業などに就職した。そのことが「無節操に企業戦士として突き進んだ」と批判的に語られることが多い。大学を出た後も社会運動を続けた人はごくわずか。情熱はあっさりと冷めたように見えるが、それほど単純ではないという人もいる。

かつては髪を伸ばし、1965年に入学した大阪市大で学生運動にかかわった千葉進さん(65)=仮名。今は白髪頭で衣料関係の零細企業を営んでいる。全共闘運動が一段落した後も大手企業には就職せず、自営で生計を立ててきた。社長と呼ばれるようになって30年がたつものの正社員はゼロ。数人のパートでやりくりしている。

高校時代はボート部で、インターハイで全国優勝するほどの体育会系少年だったが「資本主義が正義とはかぎらない」という思いで学生運動に飛び込んだ。夜間課程で学び、昼間はタクシー運転手として働いた。卒業には8年かかった。

よど号ハイジャック事件を起こした赤軍派の田宮高麿幹部の後輩にあたるが、接点はほとんどなかった。一度、話をしたことがあるが「非現実的な話ばかりをするな」と感じたという。

市大全共闘が時計塔に立てこもった69年10月。機動隊が突入しバリケード封鎖が解除された当日、千葉さんは大学を運営する大阪市を襲撃しようと、市役所脇まで迫っていた。その動きを察知した警察官に囲まれ、結局は何もできなかった。逆に時計塔に立てこもった仲間は次々と逮捕され、「自分も捕まっていれば、運動に踏ん切りがついたかもしれない」とも思った。

「学生運動をしているころ、迷う場面はいろいろあった。今でもどうすべきだったかと、夢に見ることがある。まだ、自分を総括できていないからでしょう」

産学協同許すな

リーマンショックに伴う08年秋からの急速な景気悪化に伴い、学生たちの就職は再び氷河期の様相を示している。全共闘運動が盛んだったころはどうだったのだろうか。

73、74年のオイルショックまでは景気がよく、全共闘学生たちが就職期を迎えた70年ごろは比較的良好だった。長髪のまま入社試験に臨んだ者もいたが、やはり多くは髪を整え、神妙な面持ちで面接に臨んだという。

一方で学生たちには大企業に対する抵抗感もあった。今でこそ、大学が企業と共同研究などにあたる「産学連携」は学生の就職斡旋や研究費の面などでも積極的に進んでいるが、当時の学生たちは「大学は企業の下請けではない」「学問の独立を侵害する」と、強く批判していた。

キャンパスには「産学協同を許すな」などと書かれた立て看板が並び、「電機メーカーの技術が軍事に利用されている」「日本製自動車の流通が欧米の帝国主義を支えている」などと、すべて反戦に結びつけて議論された。つまり大企業はそれ自体が「敵」であり、あえて中小企業に就職先を求める学生も少なくなかったという。

首都圏の私大全共闘だった男性（61）は、大手出版社から内定をもらったが、あえて、小さな編集プロダクションに入った。会社には定年近くまで勤めたが「2つの会社の生涯賃金を比べたらすごい差になったと思う。金銭面では損したかもしれないが、大企業に入らなかったことで人生のつじつまはあったような気がする」と話す。

「あなたのせい」

8年も大学にいたことで、さまざまな活動家の〝その後〟を見てきた千葉さん。知人には大阪府庁や大阪市役所などの官公庁へ就職したり大企業に入ったりした者もいた一方で、難民キャンプで医療活動をしようと海外に渡った者や労働運動の中で暴力団とトラブルになり、大阪湾で水死体で見つかった者もいた。

千葉さんは「墜落する航空機に乗ってしまうか。それとも偶然、忘れ物をして乗り遅れてしまうか。あのときの人生の選択はそんな偶発的な違いだったかもしれない」。

千葉さん自身も、就職をせずに海外で革命運動を続けることも考えたが、すでに、学生結婚しており、長男も生まれていた。

「自分の生き方の決着をつけるなら一人でも運動を続けるべきだと思った。でも、そこまでは踏み切れなかった」

今、全共闘運動にかかわった知人と会う機会はほとんどないが、卒業後しばらくたってから後輩から言われた言葉が気になっているという。

「あんたに学生運動に誘われなければ、僕は今の小さな会社なんかに入らず、きっと大手商社に入って、まともな人生を送っていたはずだ。あんたのせいだ」

全共闘運動は個人参加の運動だった。参加するかどうかは自己責任だったと千葉さんは受け止めている。だから、後輩の言い草は勝手だと思う半面、次のようにも考えるという。

「僕らは学生運動で好き勝手なことをしてきた。そこには、暴力も破壊もあったし、人生を左右するような出来事もあった。それは死ぬまで許されてはならない。僕はこれからの人生も、その負債を返していかなくてはならない」

彼はラーメンをすすっていた

「本日は１４０人もの人が集まりました」

司会者の言葉に会場から拍手がわいた。２００８年12月、都内で開かれた「60年安保ブント結成50年記念集会」のひとこまだ。

ブント（共産主義者同盟）とは、日本共産党から分裂してできた新左翼組織で60年安保を担ったとされる。この組織からその後、多くの新左翼セクトが生まれていった。

発言台には共産主義を象徴する赤い旗がかけられ、機動隊とのもみあいで亡くなった東大生、樺美智子さんや全学連の唐牛《かろうじ》健太郎委員長、ブントの島成郎《しげお》書記長らの遺影が並んだ。60年安保闘争を支えた全学連世代の元活動家たちも顔をそろえ、壇上では東大の加藤尚武特任教授や菓子メーカー、タカラブネの元社長、新開純也さんらが発言した。会場には、その後の全共闘運動にかかわった人や現役活動家ら20～80代の幅広い年齢層がいた。

「140人」を多いとみるか少ないとみるかは、人それぞれかもしれない。ただ、半世紀前の60年安保闘争では、ブントの呼びかけに、全国で350万人以上が応じたとされる。かつては、60年安保に次いで70年安保があったことで、「学生運動10年周期説」がささやかれたこともあったが、70年代以降、新左翼は衰退の一途をたどっている。

その要因について、彼ら自身はどう分析しているのか。

ブント創設期のメンバーで『安保全学連』などの著作もある著述業、蔵田計成さん(74)は「やはりセクトによる内ゲバが大きかった」と話した。

内ゲバとは、内部へのゲバルト（ドイツ語で暴力）の意味で、新左翼のセクト間抗争や内部粛清などを指す。これまで内ゲバによる死者は100人を超え、負傷者は数千人といわれている。

「新左翼」の誕生

蔵田さんによれば、会社に社風があるように、セクトによっても雰囲気は異なっていたという。

複数のセクトに属した経験がある元活動家は「ブントは組織よりも行動という風土があった。ブントの流れをくむ赤軍派は、首相官邸占拠を狙ったり、ハイジャック事件を起こしたりした。一方、中核派や革マル派は、自らのセクトをいかに守るかという組織重視の意識が強かった。だからこそ、両者の内ゲバは凄惨になったのだと思う」。

そもそも、新左翼の誕生は60年安保闘争の5年前、55年にさかのぼる。自民党が結党し「55年体制」が確立したこの年、日本共産党が、武装闘争ではなく選挙を主な手段として改革を目指すと方針転換したためだ。

ブントもこうした中から生まれた。ただ、当時は「武装」といってもおとなしいもので、蔵田さんは「ジグザグデモをするかどうかで必死に議論をした記憶がある。生か死かの緊迫感はなかった」という。

60年安保闘争に際して、ブントのリーダー、島書記長は「安保がつぶれるか、ブントがつぶれるか」とあおったが、60年の日米安保改定を受けて、ブントは解体。島書記長の言葉通り、ブントはつぶれた。

大学を出た蔵田さんは雑誌記者などをしながら、その後も次々と誕生していく新左翼セクトを見つめてきたが、やはり衰退が決定的になったのは72年2月に明らかになった連合赤軍の同志殺しだったという。

蔵田さんは「僕ら全学連世代は60年安保闘争で亡くなった樺さんの死を総括しないままだった。そのことが後輩の全共闘世代に悪い影響を与えてしまったかもしれない」と話し、さらにこう分析した。

「彼女を権力と闘って虐殺された悲劇のヒロインだとし、革命のためには死もやむをえないという発想を植えつけてしまった。それがねじれて、革命のためなら、結果的として人を殺すことも仕方がない、内ゲバも仕方がないという考えが生まれてしまったのではないか」

カンパする人々

セクトの中には、今も存続して「過激派」と呼ばれながら活動を続けているところがある。公安関係者によれば、拠点施設の賃貸料や機関紙を発行する費用は現役活動家によるアルバイト収入もあるが、一部は一般企業などに入った元活動家たちのカンパだという。

表面上は、新左翼運動とは縁を切ったように見えても、旧知の仲間から頼まれる

内ゲバ殺人があった東京都内のマンションの一室（1975年3月）

と、断れないこともあるのだろう。この公安関係者は「政治運動を途中で投げ出した負い目もあるのではないか」と話した。

第3章では、全共闘運動にかかわった人たちの実像を多角的に見つめようと試みた。学生運動に参加した人たちの動機は「ベトナム反戦」から「女の子にもてたい」まで十人十色だった。適当な気持ちだった人もいれば、命がけだった人もいた。そこには一人ひとりの物語があった。

一方で、還暦を過ぎても、いまだ最前線で活動を続けるセクトのメンバーもいる。別の公安関係者は、彼らの拠点に乗り込んだとき、かつて長髪をなびかせていた活動家が、はげ頭になっていたのを見つけたという。ちょうど、事務所でカップラーメンをすすっていた。公安関係者は涙がでそうになったという。

「彼は一流大学の出身だったし、企業に入っていれば出世していたかもしれないが、その可能性を捨てて活動を続けた。思想には全く共感できないが、周りに流されずに自分の信じる道を進んだ彼を見ていると込み上げるものがあった。中途半端な気持ちでこっそりカンパを払っている者よりも、よっぽど筋が通っているとも思えた」

第4章 キャンパスの過去と現在を結ぶ点と線

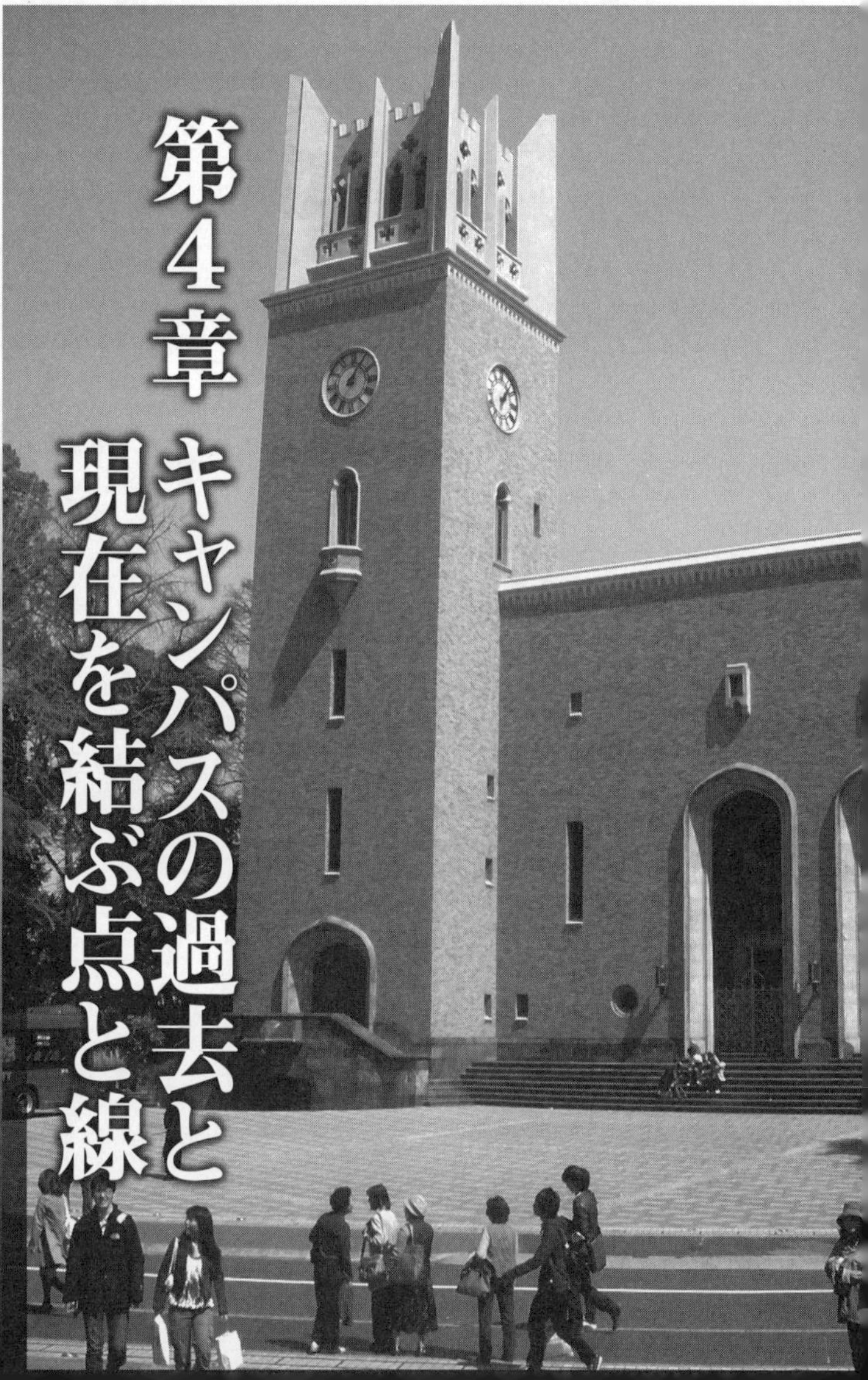

宙に浮く億単位の学友会費

赤いヘルメットは「歴史資料」として保管されていた。

京都市上京区にある同志社社史資料センター。創立者の新島襄の書簡や1875（明治8年）の開学以来の各種資料に交じり、学生運動の名残を示す古びた6個の赤いヘルメットが段ボール箱に納められていた。

同志社大には10年ほど前まで、ヘルメットをかぶって、学費値上げ反対や反戦デモをする学生がまだおり、そのころまでは学生会館にいくつかのヘルメットが無造作に置かれていた。

彼らは学生の自治組織「学友会」を拠点に活動していたものの、04年に解散している。これを受け、学生会館にあったヘルメットは処分される予定だったが学友会関係

同志社大学の社史資料センターに残されている赤いヘルメット

者の要望で07年7月、一部が保存されることになったのだという。

学友会は各学部の自治会とサークルの代表で構成される学生組織で、毎年1億円にのぼる予算を抱えていた。授業料と同時に学生が自動的に支払う学友会費が主な資金源で、文化系や体育系などのサークル活動費もこの中から配分されていた。

同志社のようにノンセクトの全学自治組織が最近まで続いたのは珍しい。というのも、彼らが握る予算をめぐっては、「学生自治」の名のもと、セクト間の争いの種になることも多く、一般学生たちが運動から離れていく中で、特定のセクトに〝乗っ取られる〟ケースも少なくなかったからだ。

例えば、関西大（大阪府吹田市）では69年ごろ、体育会学生が学友会予算を独占しようとしたことでトラブルになり、その後は活動を休止している。管理者を失った多額の学友会費は宙に浮いたままとなり、大学側も取り扱いを決めかねていたという。71年当時、約8000万円だった通帳残高は利子がついてふくれあがり、金額は約2億6000万円にまで増えた。大学側は結局、06年にこのお金を奨学金に繰り入れることにしたが、全共闘時代の懸案を清算するのに40年近く費やしたともいえる。

サークルの消滅

「革命」を叫んだ闘士たちが大学を離れて半世紀近く。全共闘運動の終焉とともに、学生運動は消滅したという人もいるが、それは必ずしも正確な表現ではない。キャンパスはその後もさまざまな形で〝全共闘〟を引きずってきたからだ。むしろ、当時の呪縛が解け始めたのは、ここ数年のことなのかもしれない。そして今、キャンパスはどうなっているのか。
68、69年ごろに各地の大学で盛り上がった全共闘運動は、セクトによる内ゲバなどの影響もあって急速に衰退した。その後の大学では、政治運動や学生自治に関心を持つ学生はほとんどいなくなった。今の学生たちの多くは平成生まれだ。

そうしたなか、同志社大学友会が存続した理由について、20年以上にわたって学友会職員として勤務していた水野裕之さん（54）は「各サークルから、学友会にスタッフを送り込む仕組みが定着していたからではないか」と話す。学生自治への関心は薄れても、学友会は1億円もの予算の配分権がある。予算を必要とする各サークルからメンバーが動員されていたのだという。

95年ごろ、学友会傘下の自治会委員長をしていたという男性会社員（35）は映画サークルに入部したことをきっかけに活動に加わった。当時、学友会には暗いイメージもあったが、実際に活動をはじめると、のめり込んでしまったという。「会議室の貸し借りの手配や会計作業など活動自体は面倒くさいことばかりだが、学生に決定権があることは大切だと感じた。活動したことで自分も大学の構成員の一人だと思えるようになった」

こうした学友会活動をとりわけ熱心に支えたのは学術系サークルの出身者たちだった。ただ、10年ほど前から「歴史哲学研究会」「フランス文学研究会」といったサークルが相次いで消滅するのに符合するように、中心的に活動する学生もめっきりと減ってしまったという。

ブログ炎上を相談

学友会は大学職員も一目置く存在だった。

解散当時、同志社大の学生課長をしていた桂良彦さん（53）は「学友会が大学側に質問状を出せば、学長がきちんと回答を寄せていた。学友会は、大学機構の一角に位置づけられていた。最初に解散の話を聞いたときは正直驚いた」と振り返る。

桂さんはその後、主に1、2年生が学ぶ京田辺キャンパスで、学生課が改編された学生支援課の課長も務めたが「最近では学生をどうサポートするかが大学の役割になった。学生支援課と名前を変えたのは、そうした意味合いもあります」。

大学側は毎年4月、新入生たちに薬物乱用や悪質商法、カルト宗教などへの注意を呼びかけている。課外活動に加わらない学生が増えたこともあり、かつて先輩たちが担っていた相談役の役割を大学当局が補っているのだ。

最近の学生気質について大学関係者の多くは「何事にも受け身で全共闘当時のように自ら行動を起こそうとしない。何か問題が起きたときの解決能力も低い」と指摘する。同志社大学生支援課には「インターネットでブログが炎上してしまった。どうしたらよいか」といった相談まで持ち込まれるという。

学生気質が変わるなか、自治組織「学友会」の解散は時代の必然だったのかもしれない。ただ、自動消滅した大学も多い中、同志社の場合は自分たちで「解散する」と宣言しているのが特徴的だ。学生自治に自ら幕を引こうとした意図は何だったのか。最後の学友会委員長を訪ねた。

京大熊野寮に監視カメラ

「配分する予算は１億円もある。その権利が重荷になってしまった」

同志社大学の学生自治組織「学友会」で最後の委員長を務めた小西祐也さん（27）は、２００４年に組織を解散した理由をそう述べた。

現在は大手化学メーカーの総務部に勤務。同志社大には01年に入学した。もともとは公務員志望で「試験のために」と法律系サークルに入った。２回生のときサークルを通じて学友会の役員を引き受けることになり、会計部長に就任した。

誘われて出かけた反戦デモでヘルメットをかぶったことはあるが、「自分のやり方とは違うと思った。結局1回しか行かなかった」。

すでに、学友会に対する周囲の関心は薄く、予算案への反論も、要求もなかった。提案はすんなり通ったものの、「相互批判できない組織はおかしい」とも思うようになった。

決定的だったのは、学友会傘下の自治会選挙の投票率の低下だ。10年ほど前まで50%を超えていた投票率は02年には十数%、03年には9%にまで落ち込んだ。学友会委員長に就任した小西さんは03年12月、組織の休止ではなく、解散を選択した。3回生のときだ。

「予算を狙われ、カルト宗教や特定の政治セクトに乗っ取られる恐れもあった。組織を悪用されたり、勝手に自称されたりしないようにするため、きちんと解散したほうがよいと思った」

解散を明らかにすると、一部のOBや大学教授から「学生自治は大事なことだ。続けるべきだ」という意見もあった。小西さんにも忸怩たる思いはあったが「活動をできる学生がいないのにどうしようもない。押し付けられてする自治に意味はない」と考えた。

寮生が設置要望

かつて学生運動の拠点でもあった京都大学の自治寮「熊野寮」。今でも新左翼運動をしている現役学生の姿が見られるが、そこでさえ、学生気質は変わりつつある。08年8月、寮の入り口に防犯用の監視カメラが設置されたのだ。かつての学生や左翼活動家なら「監視社会につながる」といった理由で、出入りが記録される監視カメラには絶対反対の立場をとっていたはずだが、今回は寮生側が設置を求めたのだという。

大学側や寮の関係者によると、寮内にはたびたび不審者が侵入したり、不良少年グループが屋上でシンナーを吸ったりする問題が発生していた。現役寮生は「昔を知る人は奇異に思われるかもしれないが、何らかの手を打つ必要があった。カメラは自分たちで管理しており、プライバシーの問題もない」と説明する。

かつて、寮の窓いっぱいに書かれていた政治スローガンも07年ごろから姿を消した。「新入寮生を増やすためには、きれいなほうがよい」との理由だという。

寮では、入寮選考をはじめ、寮運営を学生が担当する自治寮のスタイルを現在も維持しており、約420人が暮らしている。一時は入寮者も減少傾向にあったが、不況の中、月4000円程度で住める安さも魅力なのか、09年は希望者が100人を超え

現在の京大熊野寮。政治スローガンを書いた張り紙などもなくなり、監視カメラが設置された

たという。

「革命歌」あきらめ

同志社大では、05年3月の小西さんの卒業式にあわせ、学友会仲間が、ある〝余興〟を計画した。最後の委員長にふさわしく、革命歌「インターナショナル」を吹奏楽部に演奏してもらい、彼を送り出そうとしたのだ。だが、それは実現しなかった。

吹奏楽部は、卒業式の会場から出てくる先輩部員それぞれに、はなむけの曲を演奏する習慣があった。小西さんは部員ではないが、吹奏楽部が気を利かせたのだという。ただ、後輩部員の間では「インターナショナル」のゆかりを知る者がほとんどいなかった。部員の一人がＯＢに問い合わせたため、話が大きくなってしまった。

「政治的な演奏はすべきではない」という声も上がった。

当時の部員の男性は「僕らは演奏したかったが、なんだか怖くなった。反権力的な曲を演奏して大学に目をつけられたら、サークルの予算を減らされるかもしれない。普段の活動もできなくなるかもしれないという意見もあった」。

「学問の自由」「表現の自由」を保障する言葉だったはずの大学自治や学生自治。それはもはや、キャンパスから消えつつあるのだろうか。

関西大学では08年5月、キャンパスで大麻を密売して大麻取締法違反で逮捕された学生が大阪府警の調べに「大学の中なら自治が保障されていて警察が来ないので安全と思った」と供述している。

関西大のある教員は「学生の中では大学自治という言葉は死語に近い」と話し、さらにこう続けた。

「学生は特にこの10年で、ずいぶんと様変わりした。授業の出席率は高くても消極的な学生が多い。ダブルスクールなど学外活動の参加も増えているためか、大学への帰属意識も薄くなっている」

「全共闘」という言葉すら知らない学生も少なくない。

平成生まれの学生たちにとって、全共闘運動は自身が生まれるさらに20年も前の出来事で「歴史上の事件」にすぎないのかもしれない。

かつては暴れる学生に手をやき「おとなしくしてほしい」とぼやいた教職員たちも、今はこう嘆く。

「積極的に行動するようにと熱心に環境づくりをしても、なかなか学生は動いてくれないんですよ」

早大VS革マル派

「早稲田は自由の大学といわれていますが、実際にあったのは、革マル派にとっての自由だったのです」

早大の前総長で、現在は学事顧問を務める奥島孝康さん(70)はそう振り返る。

革マル派に大学の実権が握られているという危機感を強くした奥島さんは1994～2002年の任期中、彼らをキャンパスから追い出すことを最大の任務と位置づけていた。

早大では70年代初めから、革マル派が各セクトとの抗争を制し、勢力を強めていた。自治会の主導権を握り、サークルの部屋が学外者を含む活動家の拠点に使われるなど、約30年間にわたり大学が利用されていたとされる。

15万人以上の来場者を呼び、「日本一の学園祭」といわれた早稲田祭の収入が革マル派の資金源になっているという疑惑もあった。

学園祭期間中は、学生や教授であっても入場券代わりの1冊数百円のパンフを購入しなくてはキャンパスに入れなかった。

奥島さんは「お金を払わないとキャンパスに入れないのはおかしいと大学当局に抗議していたが、ある年から教員証で入場できるようになった。経緯を調べると、教職員全員分のパンフ代を大学側が実行委に支払っていた。大学も革マル派にすりよっていたのです」

公安関係者によると、サークル補助金の流用なども含めると、早大から革マル派に流れる資金の総額は年間2億円を超えていたという。

奥島さんは、革マル派の主導で行われていた学生大会でストライキ決議が可決されると、期末試験が中止になるという慣例を特に問題視していた。

「値上げもしていないのに値上げ反対のスト決議が可決されたこともあった。こんなことが長年続けば、教育は荒廃する。だが、以前の大学執行部は『学生を追い詰める必要はない』と及び腰だった。これが当時の早稲田の教育研究を低下させた最大の要因です」

革マル派は、中核派などとの激しい内ゲバで知られる過激派の一つ。警察無線すら傍受できる盗聴技術を持っているといわれる。その技術を駆使したのか、革マル派に批判的な姿勢を見せた早大関係者は次々と、金銭問題や女性問題などのスキャンダルを暴露された。

アジトを捜索した警視庁が大量の合鍵を見つけたこともある。その中には、奥島さん宅の玄関ドアの鍵も含まれていたという。

合図したら逃げて

約40年前の全共闘運動の特徴は、ノンセクトラジカルと呼ばれるセクトに属さない活動家が多かった点だ。

組織に拘束されず、誰もが参加できる。ただ、そのスタイルは共感を集めると同時に、沈静化するのも早かった。セクト回帰の動きは次第に加速し、全共闘以降も生き残った各セクトは労組や大学を拠点としながら命脈をつないだ。

こうした動きを「大学側にもメリットがあった」と指摘する関係者もいる。「彼らは不審な新興宗教や悪質商法を学内から追い出す役目も果たしてくれた。セクトをうまく使えば、学生管理がしやすいという面もあったことは否定できない」

早大では、反共産党の教授が「民青がはびこるぐらいなら、革マル派のほうがまし」と支援に回ったこともあったという。

首都圏のある大学を拠点としたセクトは大学当局と表面上は衝突しながらも、背後で「一線を越えない」と取り決めをしていたという逸話も残る。

この大学の学長経験者は「団体交渉の際、学生側から『追及はするが合図したら途中で逃げてください』と事前に持ちかけられたこともあった」と打ち明ける。

だが、平成に入った80年代終わりごろから、新左翼セクトとの決別を進める大学が増加。早大の場合、奥島さんが法学部長に就任した90年ごろから、革マル派との対決姿勢が鮮明になった。

奥島さんはまず、慣例を振り切り期末試験を強行する。

93年1月23日、法学部の期末試験初日。試験強行の方針を知った革マル派側は全国動員で活動家を集め、教室前でピケをはった。ただ多かったのは学生ではなく40、50

代の活動家。〝学生〟側には、おにぎりや飲み物を配る後方支援部隊も編成され、長期戦を意識した本格的な抵抗が続いた。

教職員と激しいもみあいになり、けが人も出たが、教員が拡声器で「試験は予定通り行う」と連呼すると、一般学生が教室になだれ込んだ。

「革マル支配に風穴が開いた」

奥島さんがそう思った瞬間でもあった。

保守派も結託

奥島さんは、思想的には「左」だ。学生運動経験もある。全共闘運動の約10年前に盛り上がった60年安保闘争のときは、早大2年生。クラス委員として赤い腕章をつけてデモの先頭に立った。

60年6月15日の国会デモでは、機動隊とのもみあいで亡くなった東大生の樺美智子さんのすぐ近くにいた。

「学生のころから、社会主義に共感は持っていたし、そうした気持ちは今でも残っている」と話す。

革マル派の勢いを止めるため、さらに必要なことは、資金源を絶つことだった。大学側は95年には商学部自治会をはじめ、各学部自治会の公認を次々と取り消し、自治会費の代理徴収もやめた。経理の不透明な学園祭の実行委員会をめぐっては97年、事態の正常化を一気に進めるため早稲田祭そのものを中止した。

実態ははっきりとしないが、大学内には革マル派による盗聴網が敷かれ、学内会議のほとんどは、ほぼ筒抜けになっている、と奥島さんは感じていた。

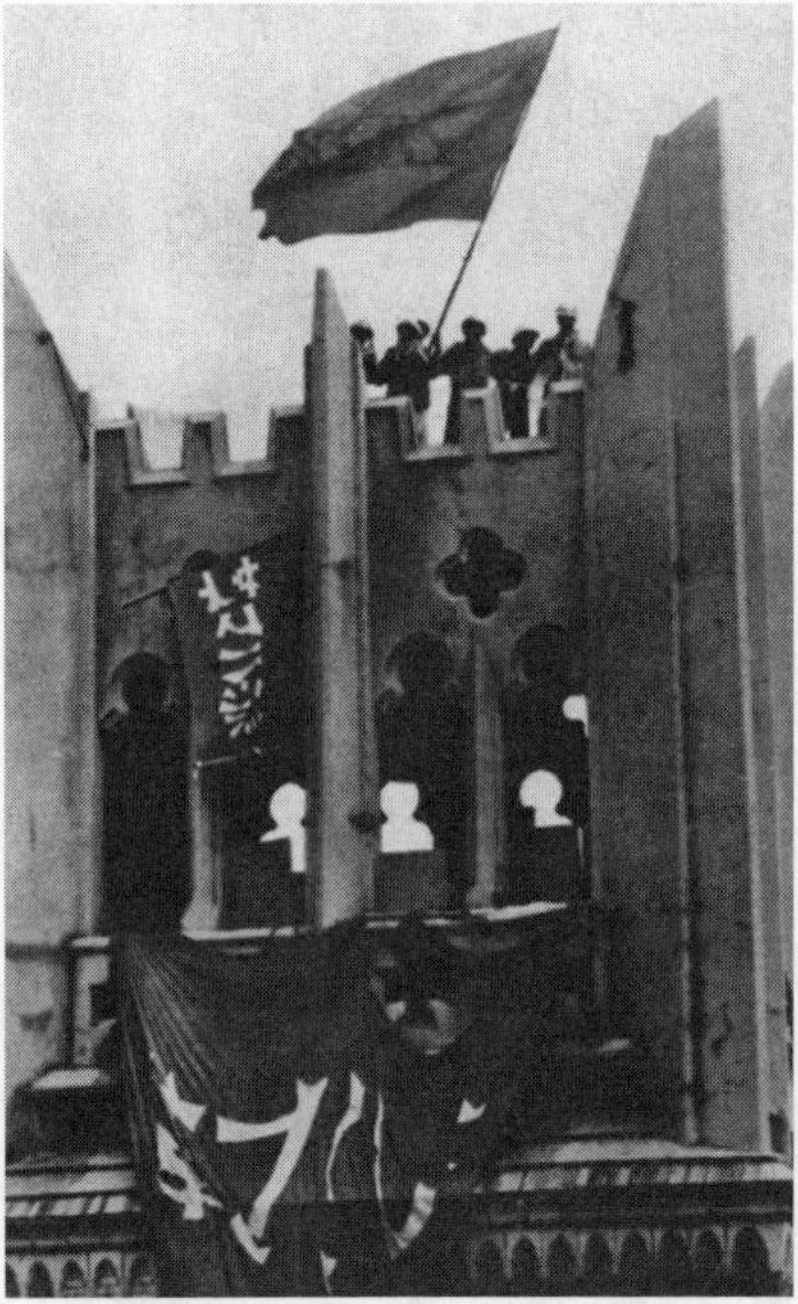

大隈講堂の時計台に立てこもる学生。旗には「革マル」の文字も見える（1969年5月、早大大学史資料センター提供）

「最初はまさかと思っていたが、あまりにも手の内が相手にばれるので、盗聴されてると確信するようになった。革マル派の対策を話し合っている会合では、天井に向かって『おい、盗聴しているかぁ』と声をかけたこともしばしばです」

法学部長として4年、総長として8年の計12年間にわたった「12年戦争」。奥島さんは「大学の歴代執行部は、あえて対決を避ける事なかれ主義に陥っていた」と振り返り、さらにこう指摘した。

「革マル派との対決は、学生部長や学生担当の教務主任ら多くの教職員の協力があったからこそできたこと。それにしても、革マル派と手を組む教員が学内に大勢いたことには我慢ならなかった」

例えば、教授の中にも、清廉潔白を売り物にして常々「不正は良くない」という割に、革マル派の不正は容認するという人、保守的な主張を繰り返す一方で、裏では革マル派と結託していた人もいたという。

「彼らとの対決を通じて思想的な立場よりも、その組織や個人が実際にどんな行動を取っているのかを、見極めることができた。『世の中を変える』と口先では言いながら、実際には『変わらないほうがいい』と内心では思っている人が大勢いることも知りました」

奥島さんとともに闘ったという他の教授や大学職員にも取材を申し込もうとしたが、早大側から「リスクもあるので…」と断られ、実現しなかった。

早大内の革マル派は表面上は放逐された格好だが、いまだ大学の近くに拠点を設け、形を変え、潜伏しながら活動を続けているという。なお緊張関係が続く革マル派と早稲田大。大学当局の〝戦争〟は、まだ続いているのかもしれない。

いまだ続く学生運動

学生運動はいまだ続いていた。

２００９年5月12日、法政大の近くでデモ行進をしていた中核派系全学連委員長(28)が、警察官に体当たりをしたとして、公務執行妨害の現行犯で逮捕された。学生団体のホームページによると、委員長は「デモの妨害をやめろ」と抗議するうち機動隊員ともみあいになったという。

法政大では中核派側と大学側が対立し、3年間で約１００人が逮捕される異例の事態が続いている。この委員長に逮捕前、取材した。

寺尾聰の「ルビーの指輪」が大ヒットした81年生まれ。かつての学生運動には長髪のイメージもあるが、短髪で細身のスポーツマンタイプ。話し方もどちらかと言えば軽い。コンビニのアルバイト店員でよく見かけるようなタイプである。

ただ、「活動家」としてはすでに2度の逮捕歴があり、取材当日も「きょう、僕がキャンパスに近づいたら罰金になるんですよ」と切り出してきた。

その日は法政大で受験生向けのオープンキャンパスが開かれており、大学側の申し立てで東京地裁が大学周辺でビラをまくなどの情宣活動を禁じる仮処分を出していたからだ。法政側は仲間の処分撤回を求めて中核派側がまいた抗議ビラの内容が虚偽であり、大学の営業権を侵害したと主張しているという。

「なんかすごいっすよね。学生運動のイメージを払拭したいと必死なんでしょう。昔みたいにいつもヘルメットにマスク姿でもないんですけどね」

きっかけは06年3月、大学側がキャンパスの立て看板を許可制にしたことだったという。デモをして大学に戻ってきたところを、建造物侵入で逮捕されたこともあった。

「自分たちは正しいことをしているのにという思いもあって、逆に気持ちに火がつきましたね」

一方、大学側はＨＰで、ルールを守らない立て看板を撤去しようとしたところ、全学連を名乗る学外団体が実力で阻止しようとしたため逮捕者を出す事態になったと説明しているが、取材に対しては「係争中でもあり、お答えできない」としている。

明治維新？

48年に設立された全日本学生自治会総連合（全学連）は、60年安保闘争のころは運動全体の牽引役にもなったが、その後は分裂を繰り返し、全学連を名乗る組織は現在5つある。

中核派系全学連の拠点でもある法政大は、立て看板をめぐるトラブルの数年前から学生運動との決別を進め、活動拠点だった学生会館も取り壊した。委員長は東北大出身だが「どの大学にも起こりうること」と、法政の問題を重要課題にすえている。

生まれは東京。都内の名門高から、親元を離れたいと東北大理学部に入った。受験のときに宿泊した学生寮の雰囲気が気に入り、入寮したのが運動にかかわるきっかけだったという。

先輩たちが「おれたちは大学とケンカしてる」と話すのを聞き「おもしれえと思った」という。

「ケンカしてるといいながら楽しそうだったし、自信を持ってる感じもした。僕好きなんです。そういうの」

入学当初は音楽で社会を変えたいという思いからストリートミュージシャンになろうと思っていた。

最初は寮内の集会にも顔を出さず、ギターばかり弾いていたが、1年生の秋に寮委員になったことが転機になる。同じ大学寮の問題として、山形大の廃寮反対運動を支援するうち活動にのめり込み、2年生からは授業にも出なくなった。

それでも当初は、かつての学生運動については何も知らなかったという。父親は全共闘世代だが、家庭でそうした話題が上ることはなかった。

「最初に先輩から中核派の話を聞いたときには、明治維新を思い浮かべたぐらいだった」と話す。

でかいことしたい

大学自治会の役員を経て05年9月、中核派系全学連委員長に就任した。学生運動にかかわっていることは両親も知っている。

「最初は洗脳されてるんじゃないかとか、先輩が怖くて辞められないのではないかと心配してたけど、信念を持ってるとわかってもらってからは、あまり言われなくなりました」

ただ、中核派は殺人まで含めた激しい内ゲバを繰り返した経緯もある。そのメンバーに加わることに抵抗感はなかったのか。

「そういう事実は理解してるし、攻撃される可能性もあるという緊張感もある。でも、殺し合いをするために運動しているつもりはない。やりたいのは大衆運動ですから。一回きりの人生だからでかいことがしたい」

全共闘運動のさなかに、日常的に使われた「革命」という言葉も、今や大学キャンパスでは会話に上ることはほとんどない。学生気質が変わるなか、平成生まれの学生たちに、彼らのメッセージは伝わるのか。

「全共闘の時代よりも今のほうが革命が求められていると思う。当時よりも労働者が置かれている環境は悪い。年間何万人も自殺者がでるような世の中です。そんなに平和じゃないと思うんです」

60年代のあの時代に学生生活を送ってみたかったですか？　そう問うと意外な答えが返ってきた。

「逆に今の学生に生まれていたら運動はしてなかったという元活動家もいますよね。

そういう人は、決意はあったかもしれないけど思想があったわけじゃないと思う。僕もあの時代に生まれたかったとは思わない。今の時代のほうが革命の可能性がある。全共闘の人たちには申し訳ないけど『オレたちのほうがやるよ』って思っているんです」

◇

中核派全学連委員長だった男性は、その後も反原発を掲げる市民運動団体のリーダーを務めるなどして、活動を続けている。

「大人」になれない大学生

「『左』と『右』の違いは何ですか」

都内の大学や資格予備校で講師を務め「右翼と左翼」（幻冬舎新書）などの著書もある評論家、浅羽通明さん（50）は、学生からそんな質問をされることがある。

十数年前の東西冷戦期までは比較的単純に回答できた。例えば、米国が「右」で、ソ連や中国が「左」。自民党は「右」で、対立する社会党や共産党が「左」といった具合だが現在、米国に対抗するイスラム諸国や、自民党に対する民主党は「左」とは言い切れない。何を〝対立軸〟に置くかによって見方は大きく変わるからだ。

浅羽さんは、全共闘世代から10歳ほど下にあたり、1972年に連合赤軍事件が起きたときには中学生だった。

「ニュースを見て興味は持ったが、ちゃかすというか、クールな感じにとらえていた。全共闘を風刺した小説を面白がって読んだのもそのころです」

早大に入学したのは77年。活動家はいたものの、すでに学生運動には「怖い・暗い・汚い」の3Kイメージがついていた。

「現実を否定するというか、別の現実を求めたいという思いはあった」と振り返るが、運動に加わろうとは全く思わず、興味を示したのは、漫画やSF、神秘主義の世界だった。のちに「オタク第1世代」とも呼ばれた年代でもある。

その後、司法試験に合格したものの、司法修習生時代に「自分にあわない」とドロップアウト。予備校で働きながら複数の大学の講義をこっそりと受講し、それをガイド化した著書「ニセ学生マニュアル」で注目された。

「学生運動の終焉は、大学が大衆化したこととも無関係ではないと思う。かつてのようにエリート層が集まる場所ではなく、『この国をどうすべきか』なんて考えることはダサイとされ始めていた。それでも、若者の無鉄砲さや正義感みたいなものはまだ残っていて、世界中を放浪したり、発展途上国の医療支援に行ったまま帰ってこないようなヤツは結構いましたけどね」

大卒2人に1人

全共闘運動は「スチューデントパワー」と呼ばれた世界史的な動きに連動していたという見方がある。60年代後半は日本だけでなく、世界各地で学生を中心とした動乱が広がり、国際的なムーブメントになっていたからだ。

フランスや韓国、イタリアなどでは時折、こうした動きが再燃し、現在でも大規模な学生デモなどが取りざたされることもあるが、日本の場合、全共闘以降、そうした運動は起きていない。

「これほど若者がおとなしいのは日本ぐらいだ」という指摘もある。

ただ、関西の市民団体で雇用や貧困の問題に取り組む50代前半の弁護士は「今の若者は決して社会に無関心ではない。むしろ、全共闘世代の学生よりも社会の厳しさを切実に感じている。特に100年に一度の不況といわれる中、就職活動は正規社員になれるか、月収10万余りの派遣社員になるかの分岐点でもあり、まずは自らの身を守るのに精いっぱいなんです」。

文部科学省によると、全共闘運動の高揚期にあたる69年の大学進学率は15％だったのに対し、08年度には49％と同年代の2人に1人が大卒となる時代を迎えている。全共闘時代の学生には、まだエリートとしての自覚があり、だからこそ「このままで良いのか」と自らの立場を問い、自己否定という理屈を持ち出す余裕もあった。

だが、今の学生は「卒業しても職がない」「先行きが見えない」という現実を前にせざるをえない。弁護士の男性は「かつてのような自己否定をする以前に、社会から存在を否定されているような感覚すらあると思います」と話す。

携帯電話で変化

では今後、若者たちが、大学を舞台に新たな運動を起こす可能性は、わが国にもあるのだろうか。

学生との接点も多い浅羽さんは懐疑的だ。とりわけ、ここ10年ほどで学生気質が劇的に変わってしまったからだという。その原因は、携帯電話にもあると分析する。

「かつては大学デビューという言葉があり、大学に入ると、高校までの人間関係がいったんリセットされ、新たな生活が始まったものです。でも今は携帯電話のおかげで中学、高校の友人関係がそのまま維持される。あえて濃厚な人間関係をつくり、大学で新しいことを始めていこうという人も少なくなる」

新生活に際し、周囲と積極的なコミュニケーションを図ろうとする感覚は、今も昔も同じだろう。ただ、かつては大学で友人ができなければ、孤独な学生生活が待っていた。

「大学にかける思い入れが昔と今では違う」というのだ。

それは、あえて言えば、「大人になる」というステップを1つ抜かしているということかもしれない。

見ず知らずの人間に囲まれ、背伸びをしながらも自らを鍛え、新たな自分を見いだしていく。そこには、酒の味を覚えたり、異性と深い関係になったり、海外を放浪したりする経験も含まれるだろう。かつてはそれが、マルクスを読むことであり、ヘルメットをかぶることであり、バリケードを作ることだっただけなのかもしれない。

若者が若者らしくない国に未来があるのだろうか。浅羽さんは次のように述べた。

「60年代は全共闘があり、学生が社会運動を牽引していた。その後の70、80年代には、サブカルチャーやファッションの起点にもなるなど、かつては大学が流行の先端だった時代があった。いま、大学はかつて持っていた先端としての機能を失ってしまったのかもしれません」

ぼくは二十歳だった

「全共闘崩れのなかには自分は企業の管理職に納まってるくせに、いまだ『オレたちは破壊してきた世代だ』と喜んでる人がいる。同窓会を開いてあのころを懐かしむ人もいる。恥ずかしい話だと思います」

評論家、小浜逸郎さん（62）は全共闘世代に厳しい視線を送るが、自身も同世代だ。1966年に横浜国立大に入学し、「時代の気分」で、ノンセクトの活動家になった。ヘルメットをかぶって教授をつるし上げたこともある。

それでも批判するのは、72年の連合赤軍事件と自分たちが無関係だと装う全共闘世代が多すぎるからだという。事件で仲間を殺害し、さらに自身も殺されたメンバーの

連合赤軍のメンバーが立てこもったあさま山荘。事件は全共闘運動の延長にあったのか（1972年2月）

一人は、小浜さんの知人でもあった。

「直接関係がなくても、全共闘世代はみな連赤事件を起こした世代ということから逃れられない。僕らの運動は先細った結果、仲間同士で殺し合うところまでいきついた。誰も責任は取れないが、そのことに向き合わず自分の武勇伝だけを語るのは許されないと思う」

本書では、これまで大勢の「元活動家」たちに取材を重ね、全共闘世代をできるだけ多角的に見つめようと試みてきた。個々の体験を語ってもらうことは、それぞれに総括を求めることでもあった。

全共闘運動について小浜さんは、こう総括した。

「革命を求めるなら、きっちりと社会的な支持を広げてからやるべきだった。暴れて騒いで壊すだけでは何も得るものはなかった。考え方が変わる最大の転機は結婚して26歳のときに子供が生まれたことだった。地道に普通の生活をすることをバカにしてはいけないと思った」

オウムとの比較

全共闘には、当事者と呼べる人だけでも数十万人はいるはずだが、その多くは今も沈黙を続けている。単純に比べることはできないが、60年以上も前の戦争体験についていえば、その背景や影響、悲惨さなど、多くの歴史が今も引き継がれている。その視点は決して指導者から見たものだけではなく、さまざまな立場からの証言が生かされ、平和な時代に強烈なメッセージを残している。

「全共闘の過ちは何だったのか」「なぜ一斉に身を引いたのか」

そうした問いかけから視線をそらし、あの時代の運動が少しも教訓化されなかったことは、後の世代の若者たちに何を残したのか。

例えば、戦後25年に社会を揺るがした全共闘と、戦後50年の95年に起きたオウム真理教事件に共通点を見いだす意見がある。

「高学歴者がなぜ」「平和な世の中になぜ」……。いずれもそうした声が市井から出ただけでなく、全共闘運動のさなかに叫ばれた「世界同時革命」と、オウムの「ハルマゲドン」という言葉までが同根のようだという見方だ。むろん当事者たちは否定するだろうが、同じことが形を変えて繰り返されただけだとの指摘もある。

『オウムと全共闘』の著作もある小浜さんは両者について「ユートピアを思い描いた知的な若者というところが共通していた。まじめで優秀な人たちは観念的で、地に足をつける生活感覚が弱い傾向がある。頭が良いからかえって、理念がすぐに世界サイズに広がってしまう」と分析した。

全共闘がきちんと総括していれば、オウム事件は起きなかったとは決して言えないが、全共闘の失敗によって、若者が社会への不満や不安とどう向き合い、どう吐き出していったらいいのかが、見えにくくなったとはいえないだろうか。

40年前と40年間

取材を通じて話を聞いた元全共闘メンバーたちの多くは今、ごく普通の生活を営んでいる。

転向したと言い切る人もいたし、今でもひっそりと社会運動を続けている人もいた。幸せそうな人も、そうでない人もいたが、彼らと対話するうち、元活動家たちが大きく2つに分けられることに気づいた。

現在の思想や立場と関係なく、その後の40年間の蓄積を踏まえて、当時を客観的に振り返ることができる人と、40年前の理屈でしか語れない人である。

前者には説得力があり、成功談より失敗談が多かったが、示唆に富んでいた。

彼らは今、退職期を迎えている。格差の広がりや雇用不安など、彼らが退いていく社会になおお残る問題について、後に続く世代はどう対処していったらいいのか。過去の過ちや反省に基づいたヒントを聞きたいとさえ思えた。

一方、同じく退職期を迎えていても、40年前の理屈だけを持ち出す人たちは「オレたちは闘った」という武勇伝とともに、返す刀で「今どきの学生はふがいない」とぼやく人が目立った。

彼らにとっては全共闘にかかわった学生時代は美化された良き思い出なのだろうが、それだけでは「若いころオレは不良だった」という話と大差がない。わずか数年の全共闘経験より、本来はその後の40年間の人生のほうが長く、重いものだったはずである。話を聞いていても全共闘体験と現在の間に断絶があるようにも感じられた。

終戦直後は50代だった日本人の平均寿命も、いまや80代に近づいている。戦後日本とともに生まれ、20歳で革命を唱え、他者に総括を迫った全共闘世代。すでに還暦は迎えたとしても、彼らにはまだ、人生を総括する時間が多分に残されているのである。

全共闘世代が学生時代に好んだというフランス人作家、ポール・ニザンはその著作「アデン、アラビア」の冒頭をこうつづっている。

「ぼくは二十歳だった。それが人生で最も美しいときだなんて誰にも言わせまい」

機動隊との攻防戦を経て「落城」した直後の東大安田講堂の内部。ガラス片や木片などが散乱する中で、窓からは冬の日差しが差し込んでいた（1969年1月）

〝女王〟の総括

重信房子・メイ インタビュー

故郷に戻っていたら……結果は変わっていたかもしれない

《確信しているのは人間も世の中も変わるということです。海外で勝利する闘いをみてきたし、共に協力をしながら、実情にあった闘いが問われていると思いました。日本では日本の社会にふさわしい合法的に政治や社会を変えるやり方をもっと重視すべきだと思います。これは反省して海外で思ったことです》

取材後、彼女から寄せられた手紙には、改めてそう記されていた。

2009年6月、東京・小菅の東京拘置所。日本赤軍元最高幹部、重信房子被告(63)は透明なアクリル製の間仕切りの向こう側に座っていた。真っ白な無地のシャツにデニム地の青い上着。黒髪は短く切りそろえられ、白いものが混じっていた。あの運動の高揚から、確実に歳月が流れていることを感じさせた。

かつては〝テロリストの女王〟とも呼ばれた彼女も、若い世代にとっては国内潜伏中の00年に大阪府警に逮捕され、新幹線で移送される途中、ホームで手錠を高く掲げながら「頑張るからね」と叫んでいたイメージのほうが鮮烈だ。ただ、目の前の彼女は穏やかで落ち着いた表情をしているように見える。

74年にオランダ・ハーグの仏大使館が占拠されたハーグ事件など3事件で殺人未遂や逮捕監禁などの罪に問われ、東京高裁で懲役20年の判決を受けて上告中で、現在は最高裁判決を待つ身である。

短い接見時間のなかで問いかけられる質問は限られる。当時の政治運動やその後の日本赤軍での活動を通じた反省点は何かと矢継ぎ早に尋ねると、さばさばとした様子で語り始めた。

「大義のためなら何をやってもよいという感覚に陥っていたんですよね」

大義？　それはやはり社会主義革命を目指すということなのか。ただ、彼女らの過激な行動は、当時の社会に衝撃を与えただけでなく、若者たちの政治活動を「危険なもの」「理解不能なもの」として追いやる口実にもつながったのではないか。彼女自身はどう思っているのか。

「運動が行き詰まったとき、私たちは武装闘争に走りました。あのころは世界各地で同じように学生運動が盛り上がっていたのです。でも、諸外国がみな武装闘争をしたかというとそうではなかった。おのおのの故郷に戻って運動を続けたところもあった。故郷には家族や友人がいる。行き過ぎがあればいさめてもらえるし、力にもなってもらえる。あのとき、私たちも故郷に戻って運動を続けていれば、変わった結果になったかもしれないとは思います」

そして彼女らが革命を目指す一つのきっかけにもなった学生運動、つまり60年代後半の全共闘運動については次のように振り返った。終始、笑顔を崩さずに話す姿は意外でもあった。

「現実を変革する運動は楽しく、創造性がありました。命をかけた人もいたし、ちょっとかかわってやめた人もいたけど、いろんな現状を変えたいという思いはみんな一緒だったと思う。上下関係を横の関係に変える力を持っていたというんでしょうか。例えば学生だけでなく、家出少女もキャンパスに集っていたし、いろんな人が話し合える環境があったと思うんです」

全共闘運動は、わずか数年で沈静化した。

「闘士」と呼ばれた人たちも、ヘルメットをぬぎ、サングラスをはずして社会の中に埋没していった。日本赤軍のテロ活動と全共闘運動は同一にはできないが、その後も一貫して〝革命運動〟を続けた重信被告の人生は、この世代の人々にどう映っているのだろうか。

「いい気になっていた」

東京生まれ。高校卒業後、ＯＬ生活を経て65年、教師を目指そうと明治大学の二部に入学した。そこで学生運動に参加し、69年8月に結成された赤軍派に加わる。新左翼のなかで最過激派ともいわれた赤軍派は、首相官邸占拠を狙って武装蜂起を計画するが、察知されてメンバーが大量逮捕される。組織が窮地に陥るなか、彼らは「日本だけでは革命を起こせない」と海外に活路を求める方針を打ち出した。70年3月のよど号ハイジャックはその代表例だった。

重信被告はよど号の任務とは別にレバノンへと出国し、後に日本赤軍を創設する。日本赤軍は国際テロ組織として、パレスチナ解放人民戦線（ＰＦＬＰ）と連携し、空港内の銃乱射事件やハイジャックなどの重大事件を次々と引き起こした。一方で、広がりを持てなくなった全共闘運動はわずかな期間でしぼんでしまう。

「学生だけの運動になっていましたね。当時は全体を見通せる気になって『世界を変える』といい気になっていたのかもしれない。現実に多くの人たちに迷惑をかけ、多

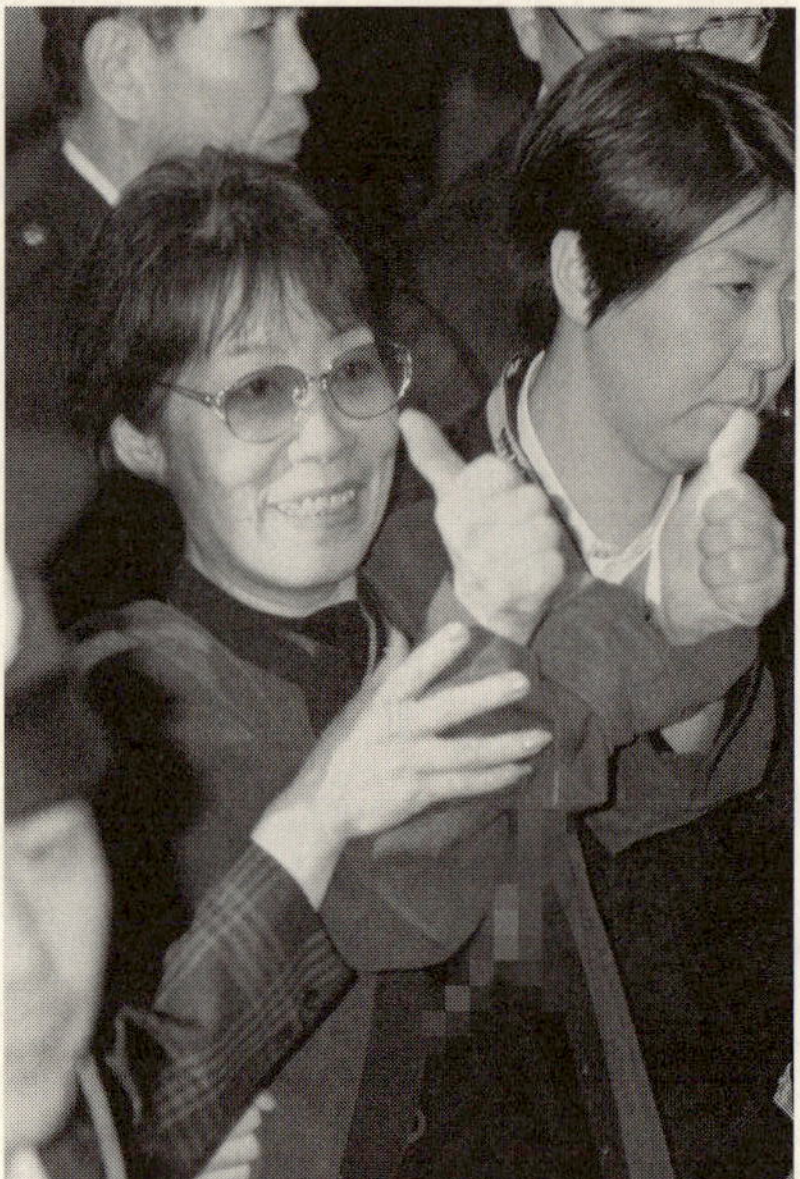
逮捕され、護送される重信被告。東京駅に集まった報道陣に向けて両手でポーズをつくってみせた（2000 年 11 月）

くの人たちを踏みつけにしていることに気づいていなかった。大義のためなら何をしても良いという感覚に陥っていたというのはそういう意味なんです」

日本赤軍などが海外へと向かった後、国内に残留した赤軍派も迷走した。塩見孝也議長ら最高幹部が相次いで逮捕されたこともあり、指導体制がぐらついたためだ。労働運動などに運動の拠点を移したメンバーもいたが、国内残党組の一部は、別グループと合流し連合赤軍を結成した。

彼らは72年2月、あさま山荘での籠城戦を繰り広げた。その後、あの陰惨な同志殺しが発覚。多くの若者たちが学生運動から離れる最大の要因になった。

重信被告は言う。

「運動を離れた人を恨む気持ちはありません。彼らが運動をやめたのは『世の中を変えられない』と思うようになったからだと思う。運動を続けてきた者の責任として、そういう人を受け入れられる基盤を作れなかったという反省もあるし、どんな場所にいても社会を変える運動はできるとも思っています。例えば、会社のなかで上司におべんちゃらを使うのだって、それが世の中を変えるためであれば闘争のひとつだと思うんです」

「世の中を変えるために」

本書では、多くの元全共闘活動家たちにインタビューを行っている。それは、彼らがなぜあっさりと運動をやめたのか、また、なぜ40年後の現在に至るまで、当時を正面から見据えた総括がないのかを知りたいと思ったからだ。

逆に、一貫して革命運動を続けた重信被告のような人間にも強い関心があった。自分のやってきたことを今でも正しいと思っているのか。あるいは途中で〝転向〟していった元同志たちに対する恨みのような気持ちはないのかを知りたくもあった。

勾留中の彼女は大腸がんが見つかり、09年2月に手術を受けている。大病にかかると、人生の終着点について思いも巡らせる人も多い。ある程度、自分を客観視した話が聞けるかもしれないという期待感があったことは否めない。

「体調は悪いですよ。また検査を受けることになりそう。でもね、戦場では何度も捨てては拾った命なんですよ。銃弾に当たって良いと思っても当たらないこともあるし、逆のこともありました。私は人にはそれぞれ定められた命があると思っています。それに向かってポジティブに生きていくしかないんです」

日本赤軍のメンバーは世界各地で次々と逮捕され、重信被告は自らが逮捕された翌年の01年、日本赤軍の解散を宣言する。

「私たちはかつて戦術面での過激さにこだわった。こだわりすぎた。でも今は、戦略さえラジカルであれば、戦術には寛容であっても良いと思っています。最初は普通のOLだった私も運動を通じ、世の中を変えることができるという実感が持てたんです。世の中を変えるためにできることをするという姿勢が大切だと思う。世の中を変えたいという思いは変わっていません」

間仕切りの向こう側から切々と訴える重信被告。革命を目指すという彼女の思想の根本は変わっていないが、その方法については、誤りを検証しようとしているようにも見えた。人生の終着点を見据え、自らの生き方を必死に総括しているようにも見えた。それは、大学卒業とともに〝オトナ〟になってしまった多くの全共闘世代とあまりに対極的な人生のようにも思えた。

かつて「下級兵士」として重信被告と行動をともにしたことがあるという元赤軍派の男性は「赤軍のなかでも幹部連中はえらそうにしている人が多かったけど、彼女は大幹部にもかかわらず、下っ端の我々を一人前扱いしてくれましたね。美人だというところばかりが強調されるかもしれないけど、人間的にも優れた人だと思う。リーダーとしてのカリスマ性を備えていた」と振り返る。

ただ、彼女は長年の間、海外を拠点にしていた。国内潜伏の期間や、間接的に届いた情報もあったにせよ、逮捕後の長期勾留も含めれば、現代の日本社会とは相当隔絶されたなかで過ごしてきたともいえる。

全共闘運動を踏まえ、この40年間、わが国は明らかな変貌を遂げた。インターネットや携帯電話が普及し、世界における日本の立場や役割も変わった。経済の大きな浮き沈みも経験した。これからもまた変わっていくだろう。

裁判が終わり、罪を償った彼女が、あらためて日本社会に身を置き、それを肌身で感じたとき、一体何を思うのか。そのときもう一度、総括を聞きたいと思った。

（2009年6月インタビュー）

◇

重信受刑者は2010年に懲役20年の判決が確定。がん治療のために東京都八王子市にある八王子医療刑務所で服役していた。支援者らによると、2018年1月に東京都昭島市にある東日本成人矯正医療センターに移監。数度の手術を経験し、体調は一時に比べると落ち着いているという。日々、文章を書くなどして過ごしているという。

「テロリストの娘として」重信メイ・インタビュー

重信メイさんは1973年、重信房子受刑者とパレスチナ人活動家の間に生まれ、幼少期をアラブ社会で過ごした。父親の素性が知られると、暗殺のターゲットにされる可能性があるとして、16歳まで父親が誰であるかは明かされず、28歳まで無国籍だったという。

日本赤軍元最高幹部でもあった房子受刑者と、ドイツ赤軍の指導者、ウルリケ・マインホフという2人の女性闘士の母としての姿を描いたアイルランドのドキュメンタリー映画「革命の子どもたち」の公開にあわせて2014年6月に来日。インタビューはこの時に行われた。

まず尋ねたかったのは、母に対する評価だ。無差別テロを行った集団のリーダーと見られていることには、「一方的な見方しかされていない。なぜそういうことをしたのか。当時の時代背景などもあわせてみないとフェアじゃない」と語気を強めた。潜伏生活を送っていた母とは幼い頃から一緒には暮らせなかったというが、一定期間ごとに、母子が向き合う時間も取れたという。

メイさんによると、母は「なぜ自分たちのことをこんなに隠さなくてはならないのか」と聞く娘の疑問にも丁寧に答えていたという。また、一連の事件を振り返り、「ほかのやり方があったら良かったし、手段を考える機会をもった方が良かった」と反省の言葉を口にしたこともあったという。

映画は、「テロリストの娘」と呼ばれ、ときには窮屈な思いも強いられてきた女性闘士2人のそれぞれ娘の心情に迫った作品だ。監督は、英ロンドンを拠点に活動するアイルランド人のドキュメンタリー映画作家、シェーン・オサリバン。作品は、メイさんと、ウルリケ・マインホフの娘、ベティーナ・ロールさんへのインタビューを中心に進むが、ベティーナさんが母親について冷ややかな思いを吐露するのに対し、メイさんは母への肯定感が強いのが印象的だ。どちらも「テロリストの娘」ではあるが、2人の差はいったい何なのか。メイさんはこう解説する。

「ベティーナさんは、お母さんと交流できる時間が少なかった。もしベティーナさんに直接会う機会が持てたら、あなたのお母さんはあなたのことをきちんと考えていたのよ、と話したい」

ドイツ赤軍は1970年に結成された組織で、72年の西独フランクフルトの米軍兵舎への爆弾テロなどを引き起こしたグループ。銀行強盗や、政府、経済人ら要人の殺害、ハイジャック事件など重大事件を次々と起こした。マインホフは逮捕され、76年に獄中で首つり自殺している。ベティーナさんは、母の死をラジオのニュースで知ったという。

房子被告は70年代、日本の新左翼グループの中でも、最も過激な集団といわれた「赤軍派」に所属していた。赤軍派は当時、世界革命を目指すため、世界各地に国際根拠地を建設する必要がある――との方針を掲げていた。

これを受け、赤軍派の田宮高麿最高幹部(故人)らは70年3月、よど号ハイジャック事件を起こし北朝鮮へ。一方、房子被告らは71年2月にパレスチナに向けて出国した。

国内では過激派として警察当局から徹底的にマークされていた房子被告だったが、メイさんによると、中東に入った当初は現地の日本人コミュニティとも親しくしていたといい、「日本大使館の外交官たちと一緒に野球大会をしたこともあった」という。

ただ、房子被告らが海外にあっても潜伏生活を送らざるをえなくなる事件が起きる。72年5月に起きたイスラエル・テルアビブの空港乱射事件だ。事件では、日本赤軍幹部、奥平剛士（当時27）、京大生、安田安之（同25）、鹿児島大生、岡本公三（同25）の3メンバーが、ロッド国際空港（現・ベン・グリオン国際空港）の旅客ターミナルで銃を乱射するなどし、民間人ら100人以上が死傷する事態となった。奥平と安田は自殺、岡本は逮捕されたが、この事件をきっかけに、房子被告らは潜伏生活に入ることになった。

空港乱射事件は、日本赤軍が無差別テロ組織としてイメージされる原点となった事件でもある。だが、メイさんはこの事件についても「きちんと理解されていない」と主張する。

「例えば、事件が発生したときはまだ日本赤軍が結成されていなかった」などと説明。「（日本赤軍が関連したといわれる事件のうち）この事件以降、人が亡くなった事件はない」とも強調した。

日本赤軍が繰り返したハイジャックなどの〝軍事作戦〟については「当時は、ニュースに取り上げてもらうような事件を起こすことで、自分たちの訴えをアピールしようとしたという意味合いがある」と語る。

メイさんは「今は、インターネットやSNSなどがある。だから、私は(日本赤軍とは)同じことはしない。ただ、当時は大手メディアしかニュースを発信できなかった。軍事作戦はメディアの注意をひくためのものでもあったのです」と話した。

メイさんは2001年3月に日本国籍を所得し、日本に入国。国内で予備校講師やキャスターを務めるなどしていたが、その後、レバノン・ベイルートに拠点を移し、中東の衛星テレビ局のプロデューサーなどとして活動している。

幼少期は、自分の素性を隠しての生活だった。学校にも実名ではなく、国からもらった〝仮身分〟で通学したり、危険を感じるたびに転校を繰り返したりするなど、テロリストの娘として、かなり窮屈な思いもしたという。

それでも、思春期にも「反抗期はなかった」という。メイは「今になって思うと、それどころじゃなかったんでしょうね。そんなことをしていたら、誰かを危険にさらすかもしれないと思っていましたから」と振り返った。

(2014年インタビュー)

あとがき

「全共闘世代が、世の中を悪くしたのではないか」

彼らよりも下の世代にはこんな疑念が存在する。終身雇用などの戦後日本を支えたシステムは制度疲労を起こし、社会保障制度も限界が近づいている。その一方で、彼らは、そうした戦後の豊かさをすべて享受したうえで、いまだ社会の中枢に居座り、何一つ世の中を変えるわけでも、かつてのように革命を叫ぶわけでもなく、負の遺産だけを若い世代に押しつけて逃げ切ろうとしているかのように映るからだろう。取材のきっかけには、こうした疑念を持たれる全共闘世代の深層に迫りたいという思いがあった。

本書は２００８年５月から09年６月にかけて産経新聞大阪社会面と、インターネットの産経ニュースに連載された「さらば革命的世代」を大幅に加筆したものである。

全共闘は自然発生的な運動ともいわれ、いわゆる公式記録といったものは存在しない。わずかに残る当時の記録も散逸しつつある。多様な見解や立場も入り乱れ、運動全体を俯瞰することも難しく、なにより、多くの当事者たちが固く口を閉ざしていた。

取材拒否する人も多く、話を聞くことができても「掲載はやめてほしい」と逡巡したり、何度も「絶対匿名に」と念押しする人も少なくなかった。運動の中心部分にいた人ほど、その傾向は顕著だった。

だが、還暦を迎え、自らの人生を振り返ることができる年になったからなのか、取材を通じて重い口を開き、当時を証言してくれる人も少なからずいた。

全共闘にかかわった当事者でもリーダーと部下では意識は異なる。対立する立場にいたり、騒動を冷ややかな視線で眺めていた人、あるいは、彼らよりも年長の世代や年少の世代の見方はどうなのか。重層的に全共闘をとらえることで、あの時代の雰囲気を見つめようと試みたつもりである。

連載に対して顕著な反応を示したのは、当事者である全共闘世代よりも、やはりその直下の世代にあたる40代から50代前半の読者だった。彼らの意見は手厳しく「わがままな集団にしか見えなかった」「理屈をこねるし、口先だけ」といった反発が目立った。

一方、全共闘運動にかかわった当事者たちの感想には「自分と闘った相手方、警察や民青が何を考えていたのか、興味深かった」といったものもあった。当時、自分の周囲以外で起きていることを把握することは、意外に難しかったのかもしれない。「連載を読み、時代の全体像がやっとイメージできた」という声を寄せた人もいた。

タイトルには「革命的世代」という言葉を使ったが、これは取材班による造語である。全共闘世代とほぼ同義の意味で使っているが、すでに、手あかのついたイメージが定着している「全共闘世代」という言葉をあえて避けることで、あの時代をあらためて検証し、特徴づけたいという狙いもあった。

これまで全共闘を扱ったルポ作品は、とかく全共闘運動の当事者や彼らとほぼ同世代によるものが目立っていた。また、そうでなくとも彼らより上の世代によるものが多かったと思う。本書は全共闘運動を直接知らない30～40歳の記者が取材を担当したことが特徴的だろう。これまで描かれることが少なかったその後の学生運動の展開にもふれた。

団塊ジュニア世代にあたる私にとっても、全共闘運動は生まれる前のことで、歴史上の出来事でしかないが、学生だった90年代前半、同世代にしては珍しく学生運動にかかわった経験がある。全共闘が華やかだったころに比べれば、ささやかな活動でしかなかったが、キャンパスのなかには「学生自治」という言葉も、わずかにあった。ただ、その当時ですら、すでに20年以上が経過していた全共闘運動には、やや冷ややかな感情も持っていた。

「学生運動の先輩たちが好き勝手に暴れず、もっと地道に、粘り強く取り組んでいれば、社会運動はこんなに衰退していなかったのではないか」という思いがあったからだ。

もうひとつ。時代を揺るがすほどに盛り上がったとされる運動が、潮を引くように沈静化した理由は何かという疑問があった。

人の考えや行動は、周囲との関わりや社会での経験などとともに変わっていくのは致し方ないことだろう。その結果、暴力革命を唱えた人がサラリーマンになることも、逆に普通のＯＬが革命家になることもあるかもしれない。ただ、全共闘運動では、みなが歩調を合わせたかのように、一斉に人生の方向を変えた。この訳を知りたいという思いは、今回の取材動機にもつながっている。

連載に対しては「産経新聞らしくない」という予想通りの反応が多かったが、同時に「産経新聞らしい連載」という相対する評価もいただいた。「らしくない」という声の多くは、「紙面論調からみて新左翼運動をテーマに取り上げること自体が意外だった」というもので、一方で「らしい」というのは、「新左翼側のスタンスに立った場合、書きにくい視点にも踏み込んでいる」といった反応だった。

本書は政治思想そのものを語ろうとしたわけではなく、その時代に生きた人間模様に重点を置いたが、こうした印象があったからか、従来の「右」や「左」といった垣根を越え、多くの方々から、読み応えがあるという評価をいただくこともできた。

連載では100人余りの関係者の方々に取材を行ったが、若輩者のぶしつけな質問に真摯に応えていただいたことに感謝している。取材にご協力していただいた皆様にこの場を借りてお礼申し上げたい。

取材は、大阪社会部の河居貴司、津田大資（ともに1973年生まれ）が担当し、連載開始時に大阪社会部次長だった皆川豪志・現産経新聞出版社長（1968年生まれ）が記事をまとめた。

最後に、このような連載の場を与えてくれた今村義明、内野広信の2代にわたる社会部長をはじめ、ご指導いただいた堀洋、徳永潔の両社会部次長、ご協力いただいた社会部のみなさんに感謝したい。

２００９年10月21日

産経新聞大阪本社　社会部記者　**河居貴司**

年表（1965〜1972）

1965（昭和40年）

1月20日	慶応大で大幅な学費値上げ発表。その後、抗議運動でストライキ
2月7日	米軍が北ベトナム爆撃を開始（ベトナム戦争本格化）
4月7日	都学連再建準備会がアメリカ大使館にベトナム反戦デモ
4月24日	ベトナムに平和を！市民文化団体連合（ベ平連）結成
8月30日	ベトナム戦争反対で、反戦青年委員会を結成
9月21日	高崎経済大学で学費値上げ。学生が座り込み
10月29日	日韓条約批准粉砕全国統一行動で国会デモ
11月2日	プロ野球で巨人が日本一（V9時代の始まり）
12月8日	早稲田大で学生会館の運営をめぐり、バリケード封鎖

1966（昭和41年）

1月18日	早稲田大で学費値上げ反対のストライキ突入
2月21日	早稲田大に機動隊導入
5月下旬	横須賀港への原潜寄港反対運動広がる
6月29日	ビートルズ来日。翌日から日本武道館で公演
7月4日	新東京国際空港の建設予定地が千葉県・三里塚地区に決定
9月1日	第2次ブント結成
11月下旬	明治大で学費値上げ反対闘争始まる
12月上旬	中央大で学生会館の学生管理や処分撤回を求めストライキ
12月17日	社学同、中核派、解放派による三派全学連結成

1967（昭和42年）

1月20日	明治大、学費値上げの白紙撤回を要求する大衆団交
2月26日	砂川基地拡張阻止総決起集会
4月28日	沖縄デー。労働者、学生がデモ
6月10日	東京教育大が筑波への移転を決定。学生がストに突入
8月中旬	東京・山谷地区で暴動
9月14日	法政大で学生処分の撤回を求める団体交渉、機動隊導入
10月8日	第1次羽田闘争で京大生の山崎博昭が死亡。第2次安保闘争が本格化
11月12日	第2次羽田闘争
12月16日	日本レコード大賞に「ブルー・シャトウ」

1968（昭和43年）

1月17日	米の原子力空母、エンタープライズ寄港阻止、佐世保現地闘争
2月16日	中央大が学費値上げを白紙撤回。初めての学生側の勝利と言われる
2月20日	静岡・寸又峡の旅館客を人質に取る金嬉老事件が起きる
2月26日	成田空港設置反対で農民・学生と機動隊が衝突
3月12日	東大医学部が17人の学生を処分。後に誤認処分があったことがわかる
5月23日	日大全共闘大衆団交要求デモ、27日に日大全共闘結成（議長・秋田明大）
7月5日	東大全学共闘会議が結成（代表・山本義隆）
9月30日	日大全共闘が大衆団交。会頭が辞職などの確約書にサイン（後に破棄）
10月21日	国際反戦デー。学生らが新宿駅を占拠、騒乱罪適用
11月22日	安田講堂前で、東大・日大闘争勝利全国学生総決起大会
12月10日	東京都府中市で3億円事件発生

1969（昭和44年）	1月	東大、日大などがバリケード封鎖のまま越年
	1月18日	東大安田講堂攻防戦。神田カルチェラタン闘争
	4月27日	沖縄デーを前に中核派幹部らに破防法個人適用
	5月20日	立命館大全共闘、わだつみ像を破壊
	7月20日	アポロ11号が月面有人着陸
	8月28日	共産主義者同盟赤軍派結成（議長・塩見孝也）
	9月5日	日比谷で全国全共闘結成大会（議長・山本義隆、副議長・秋田明大）
	9月20日	京大時計台攻防戦
	10月4日	大阪市大、機動隊を導入し時計台封鎖解除
	11月5日	大菩薩峠の山荘「福ちゃん荘」で軍事訓練中の赤軍派53人逮捕
1970（昭和45年）	1月16日	赤軍派集会「国際根拠地建設、前段階武装蜂起」を掲げる
	3月14日	大阪万博が開幕
	3月31日	赤軍派の田宮高麿らがよど号ハイジャック事件を起こす
	5月12日	瀬戸内シージャック事件
	6月23日	日米安保条約自動延長
	8月4日	法政大で革マル派メンバーが中核派に殺害され、内ゲバが始まる
	11月25日	三島由紀夫が割腹自殺
	12月18日	革命左派が東京都板橋区の交番襲撃。メンバー1人を警官が射殺
	12月20日	沖縄・コザで反米暴動

1971（昭和46年）

2月17日	革命左派が栃木県真岡市で鉄砲店を襲撃。散弾銃など奪う
2月28日	赤軍派の重信房子がレバノンに出国
2月～3月	赤軍派「M作戦」。千葉や宮城などで郵便局や銀行を襲う
5月14日	連続女性暴行殺人事件で大久保清逮捕
9月16日	成田空港建設で行政代執行。警察官3人が死亡する東峰十字路事件
11月10日	沖縄返還協定反対のゼネスト
12月	連合赤軍の総括死事件始まる（翌年2月まで）

1972（昭和47年）

1月24日	米・グアム島で元日本兵、横井庄一発見
2月3日	札幌オリンピック開幕
2月19日	あさま山荘事件。坂東国男らが立てこもり、銃撃戦。28日に逮捕
5月13日	大阪・千日デパート火災
5月15日	沖縄返還
5月30日	日本赤軍がイスラエルのテルアビブ空港で銃乱射事件
6月3日	暴力手配師追放釜ケ崎共闘会議結成
11月9日	中核派シンパの早大生を革マル派が殺害。内ゲバが激化

（敬称略）

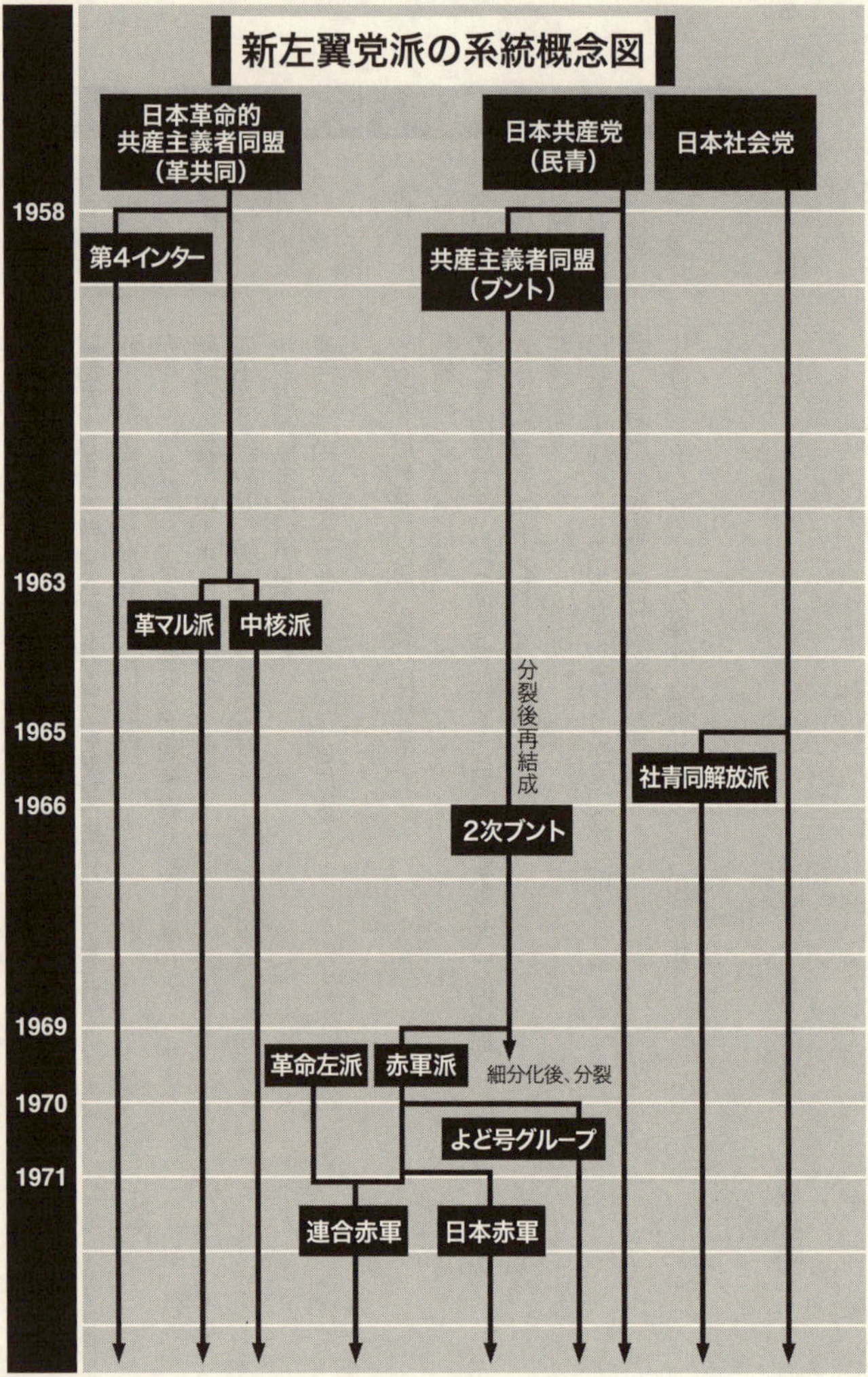

新左翼党派の系統概念図
日本革命的共産主義者同盟（革共同）
日本共産党（民青）
日本社会党
1958
第4インター
共産主義者同盟（ブント）
1963
革マル派
中核派
分裂後再結成
1965
社青同解放派
1966
2次ブント
1969
革命左派
赤軍派
細分化後、分裂
1970
よど号グループ
1971
連合赤軍
日本赤軍

参考文献「日本赤軍私史」重信房子（河出書房新社）＊「文藝別冊・赤軍１９６９→２００１」（河出書房新社）＊「りんごの木の下であなたを産もうと決めた」重信房子（幻冬舎）＊「僕って何」三田誠広（角川文庫）＊「団塊―再生世代の底力」三田誠広、岳真也（心交社）＊「叛逆のバリケード 日大闘争の記録」日本大学文理学部闘争委員会書記局編（三一書房）＊「新左翼とは何だったのか」荒岱介（幻冬舎新書）＊「全学連と全共闘」高木正幸（講談社現代新書）＊「二十歳の原点」高野悦子（新潮文庫）＊「答えが見つかるまで考え抜く技術」表三郎（サンマーク文庫）＊「安田講堂１９６８―１９６９」島泰三（中公新書）＊「プレイバック『東大紛争』」北野隆一（講談社）＊「全共闘白書・資料編」プロジェクト猪編＊「『赤軍』ドキュメント」査証編集委員会（新泉社）＊「赤軍派始末記」塩見孝也（彩流社）＊「さらば赤軍派 私の幸福論」塩見孝也（オークラ出版）＊「昔、革命的だったお父さんたちへ」林信吾、葛岡智恭（平凡社新書）＊「蜂起には至らず」小嵐九八郎（講談社文庫）＊「極私的全共闘史」神津陽（彩流社）＊「全共闘経験の現在」天野恵一（インパクト出版会）＊「団塊の肖像」橋本克彦（日本放送出版協会）＊「東大落城」佐々淳行（文春文庫）＊「連合赤軍『あさま山荘』事件」佐々淳行（文春文庫）＊「無念の戦後史」西部邁（講談社）＊「突破者（上・下）」宮崎学（幻冬舎アウトロー文庫）＊「素描・１９６０年代」川上徹、大窪一志（同時代社）＊「がんばれ!! 新左翼」鈴木邦男（鹿砦社）＊「美と共同体と東大闘争」三島由紀夫、東大全共闘（角川文庫）＊「思想としての全共闘世代」小阪修平（ちくま新書）＊「ヘルメットをかぶった君に会いたい」鴻上尚史（集英社）＊「僕たちの好きだった革命」鴻上尚史（角川学芸出版）＊「別冊歴史読本 反逆者とテロリストの群像」（新人物往来社）＊「過激派壊滅作戦―公安記者日記」滝川洋（三一新書）＊「東京大学―近代知性の病像」折原浩（三一書房）＊「中核ＶＳ革マル（上・下）」立花隆（講談社文庫）＊「蟹工船」小林多喜二（新潮文庫）＊「東大紛争の記録」東大紛争文書研究会（日本評論社）＊「全国全共闘」東大全共闘、全闘連、水谷宏編（亜紀書房）＊「日本赤軍派」パトリシ・アスタインホフ（河出書房新社）＊「１９６８年」絓秀実（ちくま新書）＊「革命的な、あまりに革命的な」絓秀実（作品社）＊「知性の叛乱」山本義隆（前衛社）＊「東大全共闘１９６８―１９６９」渡辺眸（新潮社）＊「青い月のバラード」加藤登紀子（小学館文庫）＊「無援の抒情」道浦母都子（岩波現代文庫）＊「連合赤軍事件を読む年表」椎野礼仁（彩流社）＊「兵士たちの連合赤軍」植垣康博（彩流社）＊「あさま山荘１９７２（上・下・続）」坂口弘（彩流社）＊「十六の墓標―炎と死の青春（上・下）」永田洋子（彩流社）＊「宿命―

よど号亡命者たちの秘密工作」高沢皓司（新潮文庫）＊「若松孝二　実録・連合赤軍あさま山荘への道程」「実録・連合赤軍」編集委員会、掛川正幸（朝日新聞社）＊「時効なし。」若松孝二（ワイズ出版）＊「課長島耕作シリーズ」弘兼憲史（講談社モーニングコミックス）＊「ヤング島耕作シリーズ」弘兼憲史（講談社イブニングコミックス）＊「団塊世代の戦後史」三浦展（文春文庫）＊「回想　沈黙の団塊世代へ」かわぐちかいじ（ちくま文庫）＊「ブント私史」島成郎（批評社）＊「新左翼運動全史」蔵田計成（流動出版）＊「季節6」季節編集委員会（エスエル出版会）＊「安保と全学連　続スチューデント・パワー」（毎日新聞社）＊「団塊の〈青い鳥〉」池田知隆（現代書館）＊「ゲバルト時代」中野正夫（バジリコ）＊「三里塚　反権力の最後の砦」朝日ジャーナル編集部（三一書房）＊「敗北における勝利」松岡利康編（エスエル出版会）＊「『同志社の栞』資料集」同志社大学学友会残務整理委員会＊「右翼と左翼」浅羽通明（幻冬舎新書）＊「新左翼とロスジェネ」鈴木英生（集英社新書）「別冊宝島　左翼はどこへ行ったのか！」（宝島社）＊「マングローブ」西岡研介（講談社）＊「オウムと全共闘」小浜逸郎（草思社）＊「連合赤軍とオウム」田原総一朗（集英社）＊「アデン、アラビア」ニザン（河出書房新社）

このほか、「正論」「週刊サンケイ」（産経新聞社）「朝日ジャーナル」（朝日新聞社）「諸君！」（文藝春秋）「平凡パンチ」（マガジンハウス）「女性自身」（光文社）「情況」（情況出版）「悍」（白順社）「海燕」（福武書店）「思想の科学」（思想の科学社）「流動」（流動出版）などの雑誌や、１９６０年代当時の新聞各紙、各種団体が発行するパンフレット、新左翼を取り上げたインターネットサイトなども参考にした。

単行本　平成二十一年十一月　産経新聞出版刊

産経NF文庫

総括せよ！　さらば革命的世代

二〇一八年十一月二十一日　第一刷発行

著　者　産経新聞取材班

発行者　皆川豪志

発行・発売　株式会社　潮書房光人新社

〒100-8077　東京都千代田区大手町一-七-二

電話／〇三-六二八一-九八九一（代）

印刷・製本　凸版印刷株式会社

定価はカバーに表示してあります
乱丁・落丁のものはお取りかえ致します。本文は中性紙を使用

ISBN978-4-7698-7005-0　C0195

日本音楽著作権協会（出）許諾第1810328-801号

http://www.kojinsha.co.jp